だれウマ

極上ずぼら飯

Prologue
プロローグ

料理が苦手でも、ずぼらでも、誰でも失敗せずにおいしく作れる。

4、 5歳の頃に料理に興味を持ち、ちょっとしたお手伝いから僕の料理は始まりました。大学生になった今は、帰りの遅い家族のために、ほぼ毎日、料理を作っています。

ときどき失敗することもありますが、もともと興味のあることにはとことんこだわるタイプ。失敗すれば、納得のいく味になるまで繰り返し挑戦します。そうしてできた、「旨い！」と言えるレシピを、Twitterやブログ、YouTubeで紹介しています。おいしさはもちろん、誰が作っても失敗なくできるように、僕自身が実際に作りながら完成させたレシピです。

本書では、その中からさらに厳選した100のレシピを紹介しています。誰でも作れるといっても、手抜きレシピではありません。簡単なのに、ちょっとしたコツやひと手間を加えるだけで、驚くほどおいしく仕上がる料理です。家族や友達にもよろこんでもらえるような、ちょっと本格的なレシピもあります。初心者でも、絶対おいしく作れる僕のレシピで、料理が楽しい！と思ってもらえたらうれしいです。

Contents

極上ずぼら飯

Contents

極上ずぼら飯

この本のレシピのポイント

誰でも 失敗なく作れる 安心レシピが満載

身近な素材を使って余計な手間をかけずに作るレシピは、初心者でも、ずぼらな人でも、忙しい人でも、すぐまねできます！ ささっと食べられる1人飯から、みんなで食べるボリュームおかず、楽しいデザートまで網羅。毎日使えるレシピばかりです。

1

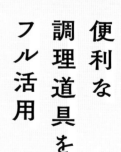

便利な 調理道具を フル活用

電子レンジや炊飯器など、便利な道具は積極的に使います。だから、コンロの火を使わずに作れる料理もたくさん！ あいた時間でもう1品、なんていうことも可能です。この手軽さと旨さの虜になる人続出！

2

本書で紹介しているレシピは、僕が実際に何度も作ってみて完成させたレシピです。作りやすいようできるだけ簡単に、でも押さえるべきポイントはしっかりと押さえているので、料理初心者でも失敗なく作れますし、何よりおいしい！　作るのが楽しくなるレシピばかりです。

ちょっとした工夫で、抜群の仕上がり

3

トライ&エラーを繰り返して完成させたレシピなので、作り方のコツも満載！　いつもの料理も、だれウマならではのちょっとした注意点やアレンジアイデアで、作って楽しく、食べておいしい料理に大変身。見映えも抜群です。

本格的なあの味が、家庭で簡単に

4

人気のガパオライスやチーズダッカルビなど、食べてみたい、作ってみたいけど、家では無理でしょ……と思いがちな料理も、本書に掲載している作り方なら簡単にできます！　友達や家族と楽しめる絶品メニューがあれこれ作れて、料理がグッと楽しくなります。

本書で使うメイン調味料

本書のレシピは、身近な材料で作れるのもうれしいところ。
調味料は、近所のスーパーで手に入れられるものばかりで
す。オイスターソースや豆板醤など、いつもあるとは限ら
ない調味料については、別の調味料に置き換えが可能。
P152の代替調味料レシピも参照してください。

▶ 1列目左から…バター、砂糖
▶ 2列目左から…鶏ガラスープの素、ラー油、粗びき黒こしょう、塩こしょう、塩
▶ 3列目左から…めんつゆ、醤油、
　　ウスターソース、マヨネーズ、トマトケチャップ
▶ 最後列左から…酒、酢、みりん、サラダ油、ごま油、オリーブオイル

レシピのココに注目！

この本では、全レシピについて、それぞれの手順ごとに使う材料がわかる仕組みになっています。また、すべての手順にプロセス写真がついているので、鍋、フライパンの中の様子も一目瞭然！　ほかにも工夫がいっぱいだから、料理に慣れていない人でも安心です。

**すべての手順に
プロセス写真つき**

それぞれの手順について、すべてプロセス写真がついています。確認しながらできるから、失敗なし！

**手順ごとに
使う材料がわかる**

レシピを順に追っていけば、使う素材や調味料がわかります。材料表とレシピを行き来することなく作れます。

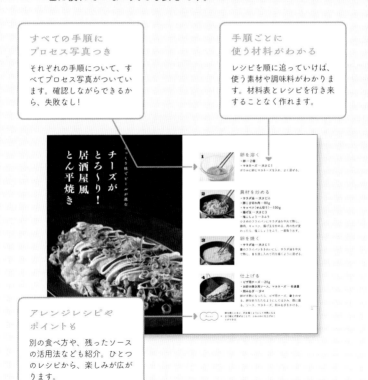

**アレンジレシピや
ポイントも**

別の食べ方や、残ったソースの活用法なども紹介。ひとつのレシピから、楽しみが広がります。

本書の使い方

▶ 材料の表記は1カップ＝200mℓ（200cc）、大さ
　じ1＝15mℓ（15cc）、小さじ1＝5mℓ（5cc）です。

▶ おろししょうが½かけ分、おろしにんにく½片
　分は、チューブ約2cm分です。

▶ 電子レンジは600Wを使用しています。500W
　の場合は、加熱時間を1.2倍にしてください。機
　種によって差が出ることもありますので、様子を
　見ながら調整してください。

▶ 材料の分量や加熱時間などは目安です。様子を見
　ながら加減してください。

▶ 分量は基本的に1人分ですが、使う素材によっ
　て、作りやすい分量となっています。

▶ 飾りで使用した材料は明記していないものがあり
　ます。お好みで追加してください。

▶ 野菜類は、特に記載のない場合は、洗う、皮をむ
　くなどの下準備を済ませてからの手順を説明して
　います。

▶ 火加減は、特に指定のない場合は、中火で調理し
　ています。

Chapter

1

今すぐ食べたい絶品つまみ

野菜ひとつでできるヘルシーなつまみ、
缶詰を使った簡単なつまみや
居酒屋風のつまみなど、
お酒が進むレシピを紹介します。
電子レンジやオーブントースターもフル活用!
飲み始めてからでも
余裕で作れる簡単さが自慢です。

チーズがとろ～り！居酒屋風とん平焼き

こっくり味でビールが進む

卵を溶く

・卵 … 2個
・マヨネーズ … 大さじ1

ボウルに卵とマヨネーズを入れ、よく混ぜる。

具材を炒める

・サラダ油 … 大さじ½
・豚こま切れ肉 … 80g
・キャベツ（せん切り）… 100g
・揚げ玉 … 大さじ3
・塩こしょう … 3ふり

小さめのフライパンにサラダ油を中火で熱し、豚肉、キャベツ、揚げ玉を炒める。肉の色が変わったら、塩こしょうをふり、一度取り出す。

卵を焼く

・サラダ油 … 大さじ1

2のフライパンをキッチンペーパーでふき、サラダ油を中火で熱し、**1**を流し入れて円を描くように混ぜる。

仕上げる

・ピザ用チーズ … 20g
・お好み焼き用ソース、マヨネーズ … 各適量
・刻みねぎ … 少々

卵が半熟になったら、ピザ用チーズ、**2**をのせ、卵を折りたたむようにしてはさむ。器に盛り、ソース、マヨネーズをかけ、刻みねぎをのせる。

Point ▶ 卵を焼くときに、円を描くようにして半熟になるまで絶えず混ぜることで、ふわふわに仕上げることができる。

甘いねぎがピリ辛だれと合う

おつまみ焼きねぎ

たれを作る

- ポン酢醤油…大さじ1
- ラー油…4滴

ポン酢とラー油を混ぜておく。

焼き色をつける

- ごま油…大さじ1
- 長ねぎ（4cm長さに切る）…1本

フライパンにごま油を弱火で熱し、長ねぎを並べる。焼き色がついたら裏返す。

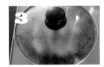

蒸し焼きにする

- 水…大さじ1

水を加えてふたをし、1〜2分蒸し焼きにする。器に盛り、1をかける。

Point ▶ 焼き色がつくまで、じっくりとねぎを焼くのがコツ。ねぎ特有の甘味を引き出すことができる。仕上げにごまをふるのもおすすめ。

すべての材料の香りと旨味が楽しめる

しいたけとベーコンのチーズアヒージョ

オイルを熱する

- ・オリーブオイル … ½カップ
- ・にんにく（みじん切り）… 1片
- ・赤唐辛子（あれば・小口切り）… 1本
- ・岩塩（または塩）… ふたつまみ

小さめのフライパンかスキレットに、オリーブオイル、にんにく、赤唐辛子、塩を入れて弱火で煮る。

具材を煮る

- ・しいたけ（4等分に切る）… 3個
- ・厚切りベーコン（1cm幅に切る）… 60g

にんにくが薄く色づいてきたら、しいたけとベーコンを入れてじっくり煮る。

チーズを溶かす

- ・スライスチーズ（溶けるタイプ・またはピザ用チーズ）… 適量
- ・ドライバジル（好みで）… 少々

チーズをのせて溶かし、好みでバジルをふる。

残ったオイルにゆでたパスタやキャベツを加えてからめれば、ペペロンチーノ風のひと品に。

ホックホクのサックサク

揚げずにヘルシーフライドポテト

水にさらす

・じゃがいも
　（皮つきのままくし形切り）…2個
じゃがいもは5分ほど水にさらす。

レンジ加熱する

1の水けをきって耐熱ボウルに入れ、ふんわりとラップをかけ、電子レンジで4分ほど加熱する。

揚げ焼きにする

・オリーブオイル…大さじ2
・塩…適量
・トマトケチャップ…適量
・青のり（好みで）…少々
フライパンにオリーブオイルと**2**を入れて中火にかけ、表面がカリッとするまで揚げ焼きにする。　器に盛り、塩をふり、ケチャップを添える。好みで青のりをふる。

ごま油の香りについ手が出る

もやしのやみつきピリ辛ナムル

レンジ加熱して調味

・もやし…1袋

A
- ・焼肉のたれ、鶏ガラスープの素
  …各大さじ½
- ・ごま油…小さじ1
- ・白いりごま（好みで）…少々
- ・ラー油…5滴

・刻みねぎ（好みで）…適量

耐熱ボウルにもやしを入れてふんわりとラップをかけ、電子レンジで3分ほど加熱する。水けをきり、Aを加えてあえる。器に盛り、好みで刻みねぎをのせる。

Point ▶ もやしは加熱すると水が出るので、よく水けをきってから調味料を加える。

卵と味噌のコクが
誰をも魅了する

半熟卵の
ポテトサラダ

ゆで卵を作る

・卵 … 3個

鍋にたっぷりの湯を沸騰させ、冷蔵庫から出したたての卵を入れる。7分30秒ゆでたら氷水にとって手早く冷まし、殻をむく。

いもを加熱してつぶす

・じゃがいも … 3個
・バター … 10g

じゃがいもは皮つきのまま洗い、水けがついた状態でラップで包み、電子レンジで2分ほど加熱する。上下を返してさらに3分ほど加熱し、皮をむいてボウルに入れる。熱いうちにバターを加えてフォークでつぶす。

ゆで卵を混ぜる

A ┌ ・マヨネーズ … 大さじ2
  │ ・味噌 … 大さじ½
  └ ・砂糖 … 小さじ1
・粗びき黒こしょう（または塩こしょう）
　… 4ふり

2にAを加えて混ぜ、1を加えて軽くつぶしながら混ぜる。器に盛り、黒こしょうをふる。

Point ▶ 卵は細かくつぶさず、ゴロゴロとした形を残すのがおすすめ。

にんにくの香ばしさが食欲をそそる

枝豆ペペロンチーノ

オイルを熱する

- ・オリーブオイル … 大さじ2
- ・にんにく（みじん切り）… 1片
- ・赤唐辛子（小口切り）… 1本

小さめのフライパンにオリーブオイル、に
んにく、赤唐辛子を入れて弱火で炒める。

あえる

- ・枝豆（さやつき・ゆでてあるもの）
  … 100〜150g
- ・塩 … ひとつまみ

にんにくが薄く色づいてきたら、枝豆、塩
を加え、オイルとあえる。

ふるだけ簡単！ 無限に食べられる

焼肉屋の塩キャベツ

あえる

- ・キャベツ（ひと口大にちぎる）…4枚

A
- ・ごま油… 大さじ1
- ・鶏ガラスープの素、おろしにんにく
  …各小さじ1
- ・塩… ひとつまみ

- ・白いりごま（好みで）…少々

ポリ袋にキャベツとAを入れてふり混ぜる。
器に盛り、好みでごまをふる。

Point ▶ キャベツは包丁で切らずに手でちぎることで、味
がしみ込みやすくなる。

アボカドの卵黄グラタン

半分に切る

・アボカド …½個

アボカドは縦にぐるりと包丁を入れ、ねじって2つに割り、種を取る。

ソースを作る

A
- ・マヨネーズ … 大さじ2
- ・醤油 … 小さじ½
- ・練りわさび … 小さじ½
- ・粗びき黒こしょう … 少々

ボウルにAを入れてよく混ぜる。

チーズをのせる

・卵黄 … 1個分
・ピザ用チーズ … 適量

1のくぼみに卵黄をのせ、まわりに**2**とピザ用チーズをのせる。

焼く

・ドライバジル(好みで) … 少々

オーブントースターで7分ほど、焼き色がつくまで焼く。好みでバジルをふる。

酒もごはんも進む進む！

天使のまぐろユッケ

たたく

・まぐろ（ぶつ切り）…150g

まぐろを包丁で細かくたたく。

混ぜる

A
- ・焼肉のたれ … 大さじ1
- ・砂糖、ごま油 … 各小さじ1
- ・おろしにんにく …½片分
- ・卵黄 … 1個分

ボウルに**1**を入れ、**A**を加えてよく混ぜる。
器に盛り、卵黄をのせる。

Point ▶ まぐろのゴロッとした食感を味わいたいなら、粗めにたたく。熱々のごはんにのせると最高。

マヨのコクがたまらない

マヨジャーマンポテト

いもをレンジ加熱する

・じゃがいも … 2個

じゃがいもは皮つきのまま洗い、水けがついた状態でラップに包み、電子レンジで2分ほど加熱する。上下を返してさらに3分ほど加熱し、皮をむいてひと口大に切る。

玉ねぎとベーコンを炒める

・オリーブオイル … 大さじ1
・にんにく（薄切り）… 1片
・玉ねぎ（薄切り）… ¼個
・厚切りベーコン（1cm幅に切る）… 100g

フライパンにオリーブオイルとにんにくを入れて弱火で炒め、香りが出たら玉ねぎとベーコンを入れて、玉ねぎが透き通ってくるまでよく炒める。**1**を加え、中火でじゃがいもの水分を飛ばすように炒める。

調味する

A ┌ ・顆粒コンソメ … 小さじ1
  │ ・マヨネーズ … 大さじ1
  └ ・粗びき黒こしょう … 少々

Aを加えて、全体になじむように炒め合わせる。

Point ▶ じゃがいもをよく炒めて水分を飛ばすことで、ホクホクに仕上げることができる。

口中に広がる豊かな風味

大根のめんつゆバターあえ

レンジ加熱する

- 大根（皮をむき1cm太さの棒状に切る）
  …150g
- A ┌ ・めんつゆ（3倍濃縮）、水… 各大さじ1
     └ ・ごま油… 大さじ½

耐熱ボウルに大根とAを入れてふんわりとラップをかけ、電子レンジで4分ほど加熱する。

バターを混ぜる

- バター…5g
- 削り節（好みで）… 適量

バターを加えて混ぜる。器に盛り、好みで削り節をのせる。

Point ▶ 大根は葉に近いところが甘いので、その部分を使うとよりおいしくなる。

さば缶と長ねぎのアヒージョ

バゲットと一緒に召し上がれ

オイルを熱する

- ・オリーブオイル…½カップ
- ・にんにく（みじん切り）…1片
- ・赤唐辛子（小口切り）…1本

小さめのフライパンかスキレットに、オリーブオイル、にんにく、赤唐辛子を入れて弱火で炒める。

具材を煮る

- ・長ねぎ（斜め切り）…½本
- ・さば水煮缶…1缶
- ・岩塩（または塩）…適量
- ・ドライパセリ（好みで）…少々

にんにくが薄いきつね色になったら一度火を止める。長ねぎとさば缶（汁ごと）を加えたら再び弱火にかけ、塩で味をととのえ、5分ほど煮る。好みでパセリをふる。

残ったオイルにゆでたパスタを加えてからめれば、ペペロンチーノに。

コリッと食感がやみつき！

ゆず風味のエリンギナムル

レンジ加熱する

- エリンギ（長さを半分に切って薄切り）
  …1本

耐熱ボウルにエリンギを入れ、ふんわりと
ラップをかけて電子レンジで2分ほど加熱
する。

あえる

A ［・醤油、ごま油 … 各大さじ½
　　・ゆずこしょう、酢、
　　　鶏ガラスープの素 … 各小さじ½
- 白いりごま（好みで）… 適量

Aを加えてあえ、器に盛り、好みでごまを
ふる。

Point ▶ エリンギはなるべく薄く切ることで火が通りやす
くなり、食感もよくなる。

2

待ち遠しい仕込みつまみ

漬けたり、ひたしたり……。
ちょっと仕込んでおくだけで、
じんわりと味がしみておいしくなる
おつまみレシピです。
明日は友達を呼んでホームパーティー!
なんていうときも、こんなつまみがあれば、
キッチンにこもりきりにならずに済みます。

超半熟煮卵

とろとろの黄身と
ピリッとした辛さが旨い

卵をゆでる

・**卵**… 3個

鍋にたっぷりの湯を沸騰させ、冷蔵庫から出したての卵を入れ、ときどき動かしながら6分30秒ゆでる。

手早く冷ます

氷水にとって手早く冷まし、殻をむく。

漬ける

A ⌈ ・**焼肉のたれ**… 大さじ3
  ⌊ ・**ラー油**（好みで）… 小さじ½

ポリ袋に A と **2** を入れてからめ、冷蔵庫で半日以上おく。

卵をゆでるとき、卵のとがっていないほうに押しピンなどで穴をあけてから湯に入れると、きれいに殻をむくことができる。

味がしみたとろとろのなすに夢中

なすの揚げない揚げびたし

たれを作る

A
- ・めんつゆ（3倍濃縮）… 大さじ2
- ・水 … 大さじ4
- ・ごま油（好みで）… 大さじ½
- ・おろししょうが … 小さじ1

ボウルにAを入れて混ぜる。

揚げ焼きにする

- ・なす（乱切りにして5分ほど
  水にさらす）… 1本
- ・サラダ油 … 大さじ3

なすの水けをふく。小さめのフライパンにサラダ油を中火で熱し、なすが色づきやわらかくなるまで揚げ焼きにする。

たれをからめる

- ・削り節、刻みねぎ（好みで）… 各適量

油をきり、熱いうちに1のボウルに入れてからめ、味をなじませる。器に盛り、好みで削り節、刻みねぎをのせる。

34

Point ▶ 少なめの油でじっくりと揚げ焼きすることで、なすをやわらかくジューシーに仕上げることができる。

オクラと長いものさっぱり梅肉あえ

板ずりする

・オクラ…6本
・塩…ふたつまみ

オクラをまな板にのせて塩をふり、こすりつけるように転がす。

熱湯にひたす

ボウルに**1**を入れ、沸騰した湯を注いで3分ほどおく。水けをきり、小口切りにする。

あえる

・長いも（皮をむき1cm幅に切る）
　…100〜150g
・梅干し（種を取ってたたく）…2個分
・めんつゆ（3倍濃縮・または白だし）
　…大さじ1

ボウルに**2**と長いもを入れ、梅干し、めんつゆを加えてあえ、冷蔵庫で冷やす。

驚くほどピーマンが甘い！

丸ごとピーマンの和風漬け

レンジ加熱する

・ピーマン … 5個

耐熱ボウルにピーマンを入れ、ふんわりとラップをかけて、電子レンジで3分ほど加熱する。

漬ける

A［
・めんつゆ（3倍濃縮）… 大さじ3
・ゆずこしょう（好みで）… 少々
］

・削り節（好みで）… 適量

ポリ袋にAを入れて混ぜ、**1**を熱いうちに加えてからめ、冷蔵庫で半日ほどおく。器に盛り、袋に残ったたれを適量かけ、好みで削り節をふる。

無限ピーマン

ほろ苦旨くて箸が進む

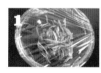

レンジ加熱する

・ピーマン（縦に細切り）…4個

耐熱ボウルにピーマンを入れ、ふんわりと
ラップをかけて、電子レンジで1分30秒
ほど加熱する。

あえる

・ごま油…大さじ1
・塩昆布…ふたつまみ

1が熱いうちにごま油、塩昆布を加えてあ
える。

ピリ辛であと引く旨さ

壺にら

あえる

1

- にら（4cm長さに切る）… 1束

A
- 醤油 … 大さじ1
- ごま油 … 大さじ½
- 豆板醤（またはラー油）、
  鶏ガラスープの素 … 各小さじ1
- 砂糖 … 小さじ½
- おろしにんにく …1片分
- 白いりごま（好みで）… ひとつまみ

ボウルににらとAを入れて軽くもむ。冷蔵庫で30分〜半日おいて味をなじませる。

Point ▶ 冷蔵庫で寝かせることで味がよくしみ、にらのかたさもなくなる。

豆腐の味噌漬け

まるでチーズのような
濃厚おつまみ

水きりをする

・木綿豆腐…1丁

豆腐はキッチンペーパーで包み、皿などで
重しをして冷蔵庫で2時間～ひと晩おいて
水きりをする。途中、ペーパーを2回ほど
替える。

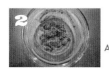

味噌床を作る

A
- ・味噌…大さじ3　・酒…大さじ1
- ・砂糖…小さじ1
- ・粗びき黒こしょう…少々

ボウルにAを入れて混ぜる。

漬ける

・粗びき黒こしょう（好みで）…少々

豆腐を新しいキッチンペーパーで包み、**2**
を全体に塗り、保存容器に入れて冷蔵庫で
2日ほどおく。食べやすく切って器に盛り、
好みで黒こしょうをふる。

赤唐辛子がピリッとアクセントに

オクラのだし漬け

板ずりする

・オクラ…1袋　・塩…適量

オクラはがくをぐるりとむき、まな板にのせて塩をふり、こすりつけるように転がす。

熱湯にひたす

ボウルに**1**を入れ、沸騰した湯を注いで3分ほどおく。

漬ける

A ┌ ・白だし…大さじ3
　├ ・砂糖…大さじ½
　└ ・赤唐辛子(小口切り)…1本

ポリ袋にAと水けをきった**2**を入れて軽くもみ、冷蔵庫で半日以上おく。

3

手軽に絶品！レンジと炊飯器で完結飯

ちゃちゃっと下ごしらえすれば、あとは電子レンジや炊飯器まかせでできるごはん＆麺レシピ。時間がない日の夕飯やひとりランチはもちろん、今日はもう何もしたくない！という日にも役立ちます。僕の自信作「サバター飯」も紹介。

シンプルなのに驚くほど旨い

豚と玉ねぎのシンプルカレー

材料をボウルに入れる

1

- ・玉ねぎ（みじん切り）…¼個
- ・豚バラ薄切り肉（食べやすく切る）…80g

A
- ・カレールウ … 1 かけ
- ・ウスターソース、トマトケチャップ
  … 各大さじ½
- ・砂糖 … 小さじ1
- ・バター…10g
- ・おろしにんにく …½片分
- ・水 …½カップ

耐熱ボウルに玉ねぎと豚肉、A を入れる。

レンジ加熱して混ぜる

2

ふんわりとラップをかけ、電子レンジで4分ほど加熱し、泡立て器などでしっかり混ぜてルウを溶かす。

再度加熱する

3

- ・ごはん … 適量

ラップをかけずに、電子レンジでさらに1分ほど加熱して混ぜる。ごはんとともに器に盛る。

Point ▶ 最後にラップをかけずに加熱することで、余計な水分を飛ばし、カレーにほどよいとろみをつけることができる。

レンジで簡単 本格コク旨！

なんちゃってハヤシライス

肉に小麦粉をまぶす

・牛こま切れ肉 … 100g

A［・小麦粉 … 大さじ1 ・塩こしょう … 3ふり

ポリ袋に牛肉を入れ、A を加えてふり混ぜる。

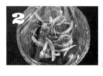

レンジ加熱する

B［
・トマトケチャップ、水 … 各大さじ3
・ウスターソース … 大さじ1と½
・砂糖 … 大さじ½
・醤油、顆粒コンソメ … 各小さじ1
・おろしにんにく … ½片分
・バター … 10g

・玉ねぎ（縦1cm幅に切る）… ¼個
・しめじ（好みで・ほぐす）… 30g

耐熱ボウルに1、B、玉ねぎ、好みでしめじを入れて軽く混ぜる。ふんわりとラップをかけ、電子レンジで4分ほど加熱し、混ぜる。

再度加熱する

・ごはん … 適量

・ドライバジル（好みで）… 少々

再びふんわりとラップをかけ、電子レンジで2分ほど加熱し、混ぜる。ごはんとともに器に盛り、好みでバジルをふる。

キムチの旨味とごま油の香りがたまらない

レンジ de 豚キムチ丼

材料を混ぜる

- 豚バラ薄切り肉（食べやすく切る）…100g
- 白菜キムチ…60g

A[
- 焼肉のたれ…大さじ1と½
- ごま油…大さじ1
]

耐熱ボウルに豚肉とキムチ、Aを入れて混ぜる。

レンジ加熱する

ふんわりとラップをかけ、電子レンジで4分ほど加熱する。

混ぜる

- ごはん…適量
- 温泉卵（好みで）…1個
- 刻みねぎ（好みで）…適量

軽く混ぜ、器に盛ったごはんにのせる。好みで温泉卵をのせ、刻みねぎをちらす。

あさりの旨味が
じんわり溶け出る

あさりバター
ごはん

あさりの砂抜きをする

- ・あさり（殻つき）…300g
- ・水…2と½カップ
- ・塩…大さじ1

あさりは殻同士をこすりつけてよく洗う。ボウルに水、塩を入れて溶かし、あさりを入れ、新聞紙などをかぶせて3〜6時間冷蔵庫におく。水洗いして水けをきる。

具材をのせて炊く

- ・米…2合
- ・にんじん（好みで・細切り）…40g
- ・油揚げ（好みで・細長く半分に切って、7〜8mm幅に切る）…1枚
- ・しいたけ（好みで・薄切り）…2個

A
- ・めんつゆ（3倍濃縮）…大さじ3
- ・バター…10g

炊飯器に洗った米を入れ、好みでにんじんや油揚げ、しいたけなどの具材をのせる。その上に **1** をのせ、**A** を加え、2合の目盛りまで水を加えて炊く。炊き上がったら、あさりの殻を除いて混ぜる。

Point ▶ 砂抜きはていねいに、じっくり時間をかけることが、おいしく作る一番のコツ。

味噌とバターの絶妙な組み合わせ

サバター飯

米を洗う

・米…2合

米は洗って炊飯器に入れ、2合の目盛りまで水を加える。

具材をのせて炊く

・さば味噌煮缶…1缶

A [・めんつゆ（3倍濃縮）…大さじ2
・バター…20g

さば缶（汁ごと）、Aをのせて炊く。

混ぜる

・卵黄（好みで）…1個分

炊き上がったら、さばをほぐしながら混ぜる。器に盛り、好みで卵黄をのせる。

レンジ de カレーうどん

熱々とろとろ
体があったまる

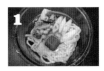

レンジ加熱する

- ・ゆでうどん…1玉
- ・豚バラ薄切り肉
  （食べやすく切る）…40g
- ・長ねぎ（斜め切り）…¼本

A
- ・水…260㎖
- ・めんつゆ（3倍濃縮）…大さじ1と½
- ・カレールウ…1かけ

耐熱ボウルにうどん、豚肉、長ねぎ、A を入れ、ふんわりとラップをかけて電子レンジで6分ほど（冷凍うどんの場合は8分ほど）加熱する。

とろみをつける

B
- ・片栗粉…小さじ1　・水…大さじ1
- ・刻みねぎ（好みで）…適量

1 が熱いうちに合わせた B を加え、よく混ぜる。器に盛り、好みで刻みねぎをのせる。

バターとゆずこしょうが
食欲をかきたてる

和風納豆
きのこパスタ

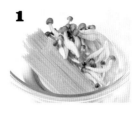

レンジ加熱する

- スパゲッティ（半分に折る）…100g
- しめじ（ほぐす）…40g
- 水 …250㎖
- 塩 … ひとつまみ

耐熱ボウルにスパゲッティ、しめじ、水、塩を入れる。ラップをかけずに電子レンジでスパゲッティのゆで時間＋3分ほど加熱する。

混ぜる

⚠ ボウルが熱くなっているので要注意。

- 納豆 … 1パック

A
- めんつゆ（3倍濃縮）… 大さじ1
- バター…10g
- ゆずこしょう（好みで・チューブ）…1.5cm

- 刻みねぎ … 適量

1に納豆とAを加えてよく混ぜ、器に盛り、刻みねぎをちらす。

Point ▶ バターを加えることで、電子レンジで作ったとは思えない、コク深い味に仕上げることができる。風味も豊かに。

超濃厚で本格的

生クリームなしで作る濃厚カルボナーラ

レンジ加熱する

- ・スパゲッティ（半分に折る）…100g
- ・厚切りベーコン（7〜8mm幅に切る）…50g

A
- ・おろしにんにく…½片分
- ・バター（またはマーガリン）…15g
- ・顆粒コンソメ…小さじ1　・塩…ひとつまみ
- ・粗びき黒こしょう…4ふり　・水…250ml

耐熱ボウルにスパゲッティ、ベーコン、A を入れる。ラップをかけずに電子レンジでスパゲッティのゆで時間＋3分ほど加熱する。

⚠ ボウルが熱くなっているので要注意。

ソースを作る

B
- ・卵…1個　・卵黄…1個分
- ・粉チーズ…大さじ3

別のボウルに B を入れて混ぜる。

混ぜる

- ・粗びき黒こしょう…少々

1 を **2** に加えて混ぜ、器に盛り、黒こしょうをふる。

Arrange ▶ 卵液に熱々のごはんを入れてよく混ぜ、粉チーズやドライバジルをふれば、本格リゾット風に。

青じその香りがふわっと広がる

ツナと青じその和風マヨパスタ

レンジ加熱する

- ・スパゲッティ（半分に折る）…100ｇ
- ・玉ねぎ（薄切り）…¼個
- ・水…250㎖

耐熱ボウルにスパゲッティ、玉ねぎ、水を入れる。ラップをかけずに電子レンジでスパゲッティのゆで時間＋3分ほど加熱する。

> ⚠ ボウルが熱くなっているので要注意。

混ぜる

- A ┌ ・ツナ缶（汁けをきる）…小1缶
- │ ・マヨネーズ…大さじ1と½
- │ ・めんつゆ（3倍濃縮）…大さじ1
- └ ・青じそ（細かく刻む）…3枚
- ・刻みのり（好みで）…ひとつまみ

1にツナ、**A**、青じそを加えて混ぜ、器に盛り、好みで刻みのりをのせる。

焼き鳥缶で
本格炊き込みごはん

背徳の焼き鳥バター飯

具材をのせて炊く

・米…1合
・焼き鳥缶…1缶

A ┌ ・めんつゆ（3倍濃縮）…大さじ1
　└ ・バター…10g

米は洗って炊飯器に入れ、焼き鳥缶、A をのせて1合の目盛りまで水を加えて炊く。

混ぜる

・青じそ（せん切り）…3枚

炊き上がったら、青じそを加えて混ぜる。

Point ▶ にんじん、油揚げ、しめじなどの具材を加えるのもおすすめ。

Chapter

4

すべての肉好きに贈る肉料理

肉好きのみなさん、お待たせしました！
ジューシーな鶏のから揚げから、
ビールが進む手羽先揚げ、
とろとろの焼豚まで、
失敗しない肉レシピを集めました。
チーズダッカルビやよだれ鶏など、
お店の味を再現したような
絶品レシピも必見です。

しっとりやわらか
肉汁ジュワ～

もむだけ
ジューシー
から揚げ

1

調味料をもみ込む

- 鶏もも肉（ひと口大に切る）… 1枚

A
- めんつゆ（3倍濃縮）… 大さじ3
- おろしにんにく … 1片分
- 塩こしょう … 3ふり

ポリ袋に鶏肉とAを入れ、30秒ほど全力でもむ。

2

卵と粉をもみ込む

- 溶き卵 … ½個分
- 小麦粉 … 大さじ1
- 片栗粉 … 大さじ4

1に溶き卵、小麦粉、片栗粉を加えて軽くもむ。

3

揚げる

- 揚げ油 … 適量

揚げ油を170℃に熱し、2を入れる。浮いてきたら上下を返し、カラリと揚げる。

Point ▶ 揚げているとき、上下を返す以外はできるだけ触らないのがコツ。衣がはがれるのを防ぐ。

鶏胸肉とは思えないほどプルップル

水晶鶏のにらだれがけ

A

たれを作る

- ・にら(小口切り)…2本
- ・醤油…大さじ2
- ・砂糖…大さじ1
- ・酢、ごま油…各大さじ½
- ・ゆずこしょう…少々

ボウルににらとAを入れてよく混ぜる。

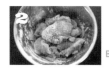

B

片栗粉をまぶす

- ・鶏胸肉(そぎ切り)…1枚
- ・酒…大さじ1
- ・塩…小さじ1
- ・片栗粉…大さじ3

別のボウルに鶏肉、Bを入れてよくもみ、片栗粉をふってまぶす。

ゆでて氷水で冷ます

鍋にたっぷりの湯を沸騰させ、2を入れて5分ほどゆでる。氷水にとり、手早く冷まして水けをとる。器に盛り、1のたれをかける。

ビールがどんどん進む、進む！

フライパンで簡単！手羽先の甘辛揚げ

たれを作る

A
[
・醤油、みりん … 各大さじ2
・砂糖、酒 … 各大さじ1
・おろししょうが … ½かけ分
]

ボウルにAを入れてよく混ぜる。

粉をまぶす

B
[
・鶏手羽先 … 6〜10本
・片栗粉、小麦粉 … 各大さじ2
・塩こしょう … 3ふり
]

ポリ袋に鶏手羽先とBを入れてふり混ぜる。

揚げ焼きにする

・サラダ油 … 大さじ4

フライパンにサラダ油を入れ、2を皮を下にして並べて中火にかける。両面がこんがりとしてカリカリになるまでじっくりと揚げ焼きにする。

たれをからめる

・白いりごま（好みで）… 適量

キッチンペーパーで余分な油をふき、1のたれを加えて煮立て、からめる。器に盛り、好みでごまをふる。

しっとりお肉と
ピリ辛だれが旨すぎる

よだれ鶏

鶏肉をゆでる

・鶏胸肉 … 1枚

A
・長ねぎの青い部分 … 1本分
・しょうが(薄切り) … 2枚

鍋にたっぷりの湯を沸騰させ、鶏肉とAを入れる。再び沸騰したら火を止め、ふたをして30分ほどおく。

氷水で冷ます

氷水にとり、手早く冷ます。ゆで汁は大さじ2取っておく。

たれを作る

B
・おろしにんにく … ½片分
・醤油 … 大さじ2
・酢、砂糖、ごま油 … 各大さじ1
・ラー油 … 大さじ½
・白いりごま(好みで) … 大さじ1
・鶏肉のゆで汁 … 大さじ2

・刻みねぎ(好みで) … 適量

ボウルにBを入れてよく混ぜる。2の水けをとり、薄切りにする。器に盛り、たれをかけ、好みで刻みねぎをのせる。

Point ▶ 温かい状態で食べたいなら、手順2は飛ばしてもよい。

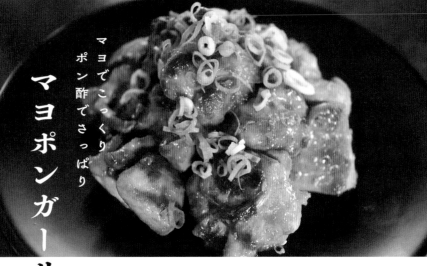

マヨポンガーリックチキン

マヨでこっくり
ポン酢でさっぱり

衣をつける

- 鶏もも肉（ひと口大に切る）…1枚

A
- おろしにんにく …1片分
- 片栗粉…大さじ2 ・塩こしょう…少々

ポリ袋に鶏肉とAを入れてもむ。

たれを作る

B
- マヨネーズ…大さじ1 ・ポン酢醤油…大さじ2

ボウルにBを入れて混ぜる。

炒める

- マヨネーズ…大さじ1
- 長ねぎ（斜め切り）…½本

フライパンにマヨネーズを中火で熱し、香りが立ったら長ねぎと1を皮を下にして入れ、焼き色がついたら上下を返して炒め合わせる。鶏肉に竹串などを刺してみて、透明な肉汁が出るようになるまで炒める。

たれをからめる

- 刻みねぎ（好みで）… 適量

2を加えてからめ、鶏肉に照りが出るまで炒める。器に盛り、好みで刻みねぎをちらす。

味がしみ込み
身はホロホロ

手羽元のさっぱり煮

焼きつける

- サラダ油 … 大さじ1
- 鶏手羽元 … 8本
- にんにく（みじん切り）… 1片

鍋にサラダ油を中火で熱し、鶏手羽元とにんにくを入れ、表面に焼き色がつくまで炒める。

煮る

A ┌ ・酒、醤油、酢 … 各¼カップ
  │ ・砂糖 … 大さじ4
  └ ・みりん … 大さじ1

Aを加えてふたをし、ときどき動かしながら弱めの中火で15分ほど煮る。

冷ます

- 半熟卵（好みで）… 4個

火を止め、好みで半熟卵を加え、冷ます。食べるときに温める。

Point ▶ 一度冷ますと、手羽元の中までよく味がしみこみ、よりおいしくなる。

甘辛味で
ごはんが無限に進む

揚げない
チキン南蛮

衣をつける

- ・鶏もも肉（ひと口大に切る）… 1枚

A
- ・小麦粉 … 大さじ1
- ・塩こしょう … 2ふり
- ・溶き卵 … ½個分
- ・片栗粉 … 大さじ3
- ・玉ねぎ（みじん切り）… ¼個
- ・ゆで卵（フォークでつぶす）… 2個

B
- ・マヨネーズ … 大さじ4
- ・酢、砂糖 … 各大さじ½
- ・塩こしょう … 3ふり

ポリ袋に鶏肉、Aを入れてふり混ぜる。溶き卵を加えてもみ、さらに片栗粉を加えてなじませる。玉ねぎは耐熱ボウルに入れ、ラップをかけて電子レンジで1分ほど加熱する。ボウルを取り出し、ゆで卵、Bを加えて混ぜ、タルタルソースを作る。

揚げ焼きにする

- ・サラダ油 … 大さじ3

フライパンにサラダ油を中火で熱し、**1**の鶏肉を皮を下にして入れる。ときどき上下を返しながら4〜5分揚げ焼きにする。

甘酢をからめる

C
- ・醤油、砂糖、酢 … 各大さじ2

フライパンに残っている油をキッチンペーパーでふき取り、合わせたCを加え、とろみがつくまで鶏肉に煮からめる。器に盛り、**1**のタルタルソースをかける。

バター醤油とんテキ

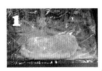

小麦粉をまぶす

・豚ロースとんカツ用肉
　（筋切りする）…1枚
A
　・小麦粉 … 大さじ1
　・塩こしょう … 4ふり
豚肉をポリ袋に入れ、Aを加えてふり混ぜる。

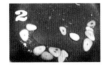

にんにくを炒める

・サラダ油 … 大さじ1
・にんにく（薄切り）… 1片
フライパンにサラダ油とにんにくを入れて中火で炒める。にんにくは薄く色づいてきたら取り出す。

焼く

B
　・醤油 … 大さじ2
　・みりん、酒、砂糖 … 各大さじ1
　・バター … 10g
2のフライパンに1を入れ、両面をこんがりするまで焼く。合わせたBを加え、とろみがつくまで加熱し、バターを加えて煮からめる。器に豚肉を盛り、2のにんにくをのせて上からフライパンに残ったたれをかける。

レンジで楽チン！やわらか蒸し鶏

しっとり鶏肉のねぎだれがけ

1 砂糖塩水に漬ける

- ・鶏胸肉…1枚

A
- ・砂糖、塩…各小さじ1
- ・水…½カップ

鶏肉はポリ袋に入れ、Aを加えてもみ、1時間以上おく。

2 たれを作る

B
- ・長ねぎ（みじん切り）…½本
- ・醤油…大さじ1　・酢…大さじ½
- ・砂糖、白だし、ごま油…各小さじ1
- ・おろししょうが…½かけ分

ボウルにBを入れて混ぜる。

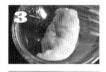

レンジ加熱する

1の水けをとって耐熱ボウルに入れ、ふんわりとラップをかけ、電子レンジで3分ほど加熱する。

再び加熱する

取り出して上下を返し、再びふんわりとラップをかけてさらに2分ほど加熱する（肉の赤みが残っている場合はさらに1分ほど加熱する）。粗熱が取れたら薄くそぎ切りにして器に盛り、2のたれをかける。

口の中に
肉汁があふれ出す

とろとろ焼豚

片栗粉をまぶす

・豚バラかたまり肉 … 1本(約600g)
・片栗粉 … 大さじ2

ポリ袋に豚肉と片栗粉を入れてふり混ぜる。

焼く

フライパンを中火で熱し、**1**を入れ、面を変えながら表面全体に焼き色がつくまで焼く。出てきた脂はキッチンペーパーでふき取る。

煮る

A ┌ ・しょうが(薄切り) … 1かけ
  │ ・長ねぎの青い部分 … 1本分
  │ ・醤油 … 180㎖
  │ ・砂糖 … 50g
  │ ・はちみつ … 50g
  └ ・酒、水 … 各½カップ

鍋に**2**とAを入れて中火にかけ、煮立ったらアクを取る。アルミホイルで落としぶたをして弱火にし、ときどき上下を返しながら30分ほど、煮汁が半分以下になるまで煮る。粗熱を取って食べやすく切り、煮汁を適量かける。

甘ずっぱいあんで箸が止まらない

酢鶏

肉に片栗粉をまぶす

- ・鶏もも肉（ひと口大に切る）… 1枚
- ・片栗粉 … 大さじ3
- A
  - ・醤油、酢、トマトケチャップ … 各大さじ3
  - ・砂糖、水 … 各大さじ2
  - ・片栗粉 … 大さじ1

ポリ袋に鶏肉を入れ、片栗粉を加えてふり混ぜる。ボウルにAを入れて混ぜ、あんを作る。

野菜をレンジ加熱する

- ・にんじん（乱切り）… ½本
- ・玉ねぎ（縦1cm幅に切る）… ½個
- ・ピーマン（乱切り）… 3個

にんじん、玉ねぎ、ピーマンを耐熱ボウルに入れ、ふんわりとラップをかけて電子レンジで4分ほど加熱する。

揚げ焼きにする

- ・サラダ油 … 大さじ3

フライパンにサラダ油と1の鶏肉を入れて中火にかけ、上下を返しながら揚げ焼きにする。

あんをからめる

鶏肉に火が通ったら2を加えて軽く炒め合わせ、キッチンペーパーで余分な油をふき取る。1のあんを加えてとろみがつくまで煮からめる。

肉じゃが

とろける味わい

野菜をレンジ加熱する

- ・じゃがいも（4等分に切る）…2個
- ・にんじん（乱切り）…½本
- ・玉ねぎ（縦1.5cm幅に切る）…¼個

じゃがいも、にんじん、玉ねぎを耐熱ボウルに入れて
ふんわりとラップをかけ、電子レンジで4分ほど、竹
串がすっと通るようになるまで加熱する。

牛肉を炒める

- ・サラダ油 … 大さじ1
- ・牛こま切れ肉…150g

フライパンにサラダ油を中火で熱し、牛肉をさっと炒
める。

煮る

A
- ・水 …½カップ
- ・砂糖 … 大さじ3
- ・醤油、めんつゆ（3倍濃縮）、酒 … 各大さじ2
- ・みりん … 大さじ1

1を加えて軽く炒め合わせ、**A**を加えてふたをし、弱
めの中火で10分ほど煮る。

にんにくたっぷり
スタミナ満点！

なんちゃって
もつ鍋風

肉を炒める

・ごま油 … 大さじ3
・にんにく（薄切り）… 2片
・鶏もも肉（ひと口大に切る）… 1枚

鍋にごま油を弱火で熱し、にんにく、鶏肉を入れて、肉の色が変わるまで炒める。

キャベツを加えて煮る

・キャベツ（ちぎる）… 適量
A ⎡ ・水 … 2と½カップ
　 ・醤油 … 大さじ3
　 ・白だし、みりん … 各大さじ2
　 ・鶏ガラスープの素、砂糖 … 各大さじ1

キャベツとAを加えてふたをし、弱めの中火で5分ほど煮る。

にらを加える

・にら（4cm長さに切る）… ½束
・赤唐辛子（好みで・小口切り）… 1本

にら、好みで赤唐辛子を加え、にらがしんなりするまで煮る。

Point ▶ にんにくを炒めるときはこがさないように、じっくり香りをごま油に移していく。

男のキムチ鍋

にんにくを炒める

- ごま油 … 大さじ3
- にんにく（薄切り）… 1片

鍋にごま油とにんにくを入れて中火で熱し、にんにくが軽く色づくまで炒める。

煮汁を加える

A
- 水 … 1と½カップ
- めんつゆ（3倍濃縮）… 大さじ2
- 味噌、砂糖、コチュジャン（好みで） … 各大さじ1

ボウルにAを入れて混ぜ、1の鍋に加える。

Arrange

▶ 残った煮汁にゆでうどんや中華麺を入れてひと煮し、ピザ用チーズ適量をのせて溶かしてシメの1品に。

具材を加えて煮る

- 白菜キムチ … 150g
- 豚バラ薄切り肉（2cm幅に切る）… 150g
- 【好みの具材】（それぞれ食べやすく切る）
  - 絹ごし豆腐 … ½丁　・キャベツ … 100g
  - えのきだけ … ½袋　・長ねぎ … ½本
  - 油揚げ … ½枚
- にら（4cm長さに切る）… ⅓束

キムチ、豚肉と好みの具材を加えてふたをし、肉の色が変わり、野菜がしんなりするまで煮る。にらを加え、しんなりするまで煮る。

チーズダッカルビ風

下味をもみ込む

- 豚こま切れ肉 … 150g
- キャベツ（ちぎる）… 100g
- 白菜キムチ … 150g

A
- 砂糖、醤油、酒 … 各大さじ1
- おろしにんにく … 1片分

ポリ袋に豚肉とキャベツ、キムチ、Aを入れてもみ、10分ほどおく。

炒める

- ごま油 … 大さじ2

フライパンにごま油を中火で熱し、1を入れ、豚肉の色が変わるまで炒める。

チーズをのせる

- ピザ用チーズ … 適量

ピザ用チーズをのせてふたをし、チーズを溶かす。

Point ▶ 炒めるときはこげないように注意して、時折動かしながら水分を飛ばすと旨味がアップ。シメにごはんを入れて炒めると、激旨キムチーズ炒飯に。

にんにくロースステーキ

シンプルソテーを
こっくりソースで

下味をつける

・豚ロースとんかつ用肉 … 1枚
・塩こしょう … 4ふり

豚肉は筋切りをして、両面に塩こしょうを
ふる。

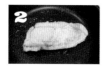

焼く

・オリーブオイル … 大さじ1

フライパンにオリーブオイルと **1** を入れて
中火にかけ、両面をこんがりと焼いて器に
盛る。

ソースを作る

A
・トマトケチャップ … 大さじ2
・オイスターソース … 大さじ½
・おろしにんにく … ½片分

2 のフライパンに **A** を入れ、弱火で軽く煮
詰めてケチャップの酸味を飛ばし、**2** の豚
肉にかける。

5

旨味が凝縮！魚介もの

ちょっとハードルが高そうな魚料理も、
だれウマレシピなら、気軽に挑戦できます。
和食屋みたいに上品な鯛のあら煮や、
ワインにも合うあさりの酒蒸し、
おしゃれなカルパッチョも紹介しました。
家族にも人気のある、
我が家の定番メニューを厳選しています。

旨味たっぷりの
〝あら〟で本格和食

和食屋の
鯛のあら煮

熱湯をかける

・鯛のあら … 1尾分
・ごぼう（好みで）… 10cm

鯛のあらはざるに入れ、全体に熱湯をかけて氷水にとり、血合いやうろこを除く。ごぼうは縦半分に切ってから長さを3等分に切り、水に5分ほどさらして水けをきる。

煮る

A［ ・酒、水 … 各150ml
　 ・しょうが（薄切り）… 3枚
B［ ・みりん … 80ml
　 ・砂糖 … 大さじ4

鍋にAを煮立て、1、しょうが、ごぼうを加えて弱火で2分ほど煮る。Bを加え、アルミホイルで落としぶたをして5分ほど煮る。

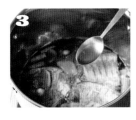

醤油を加える

・醤油 … 大さじ4

醤油を加え、再びアルミホイルで落としぶたをして、ときどき煮汁をかけながら汁けが少なくなるまで煮る。

Point ▶ あらに熱湯をかけることで、魚臭さを消すことができる。

あさりの旨味とバターのコクが絶妙

あさりの酒蒸し

にんにくバター味

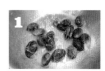

あさりを炒める

・オリーブオイル … 大さじ2
・にんにく（みじん切り）… 1片
・あさり（殻つき・砂抜きする
（P46参照））… 150〜250g

フライパンにオリーブオイルとにんにくを入れて弱火で炒め、軽く色づいてきたら、あさりを加える。

蒸し煮にする

・酒 … 80㎖

酒を加えてふたをし、中火で蒸し煮にする。

バターを加える

・バター … 10g

あさりの口がすべて開いたら火を止め、バターを加えてなじませる。

鮭の旨味がギュッと凝縮

鮭ときのこのバターチーズホイル焼き

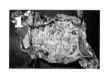

ホイルで包む

- ・生鮭 … 1切れ
- ・玉ねぎ（薄切り）… 1/8個
- ・しめじ（ほぐす）… 40g
- ・ホールコーン（好みで）… 40g

A
- ・白ワイン（または酒）、めんつゆ（3倍濃縮）、マヨネーズ … 各大さじ1
- ・バター … 10g
- ・粗びき黒こしょう … 少々
- ・ピザ用チーズ … 適量
- ・ドライバジル（好みで）… 少々

アルミホイルに鮭、玉ねぎ、しめじ、好みでコーン、A、チーズの順にのせる。好みでバジルをふる。

トースターで焼く

ホイルの口を閉じ、オーブントースターで15分ほど焼く。鮭の赤みが残っていれば、さらに2分ほど焼く。

えびの ガーリックマヨ

プリプリえびと
にんにくの相性抜群

下味をつける

・えび（殻つき）…200～250g
・酒…大さじ3

えびは殻をむき、背わたを取る。ボウルに入れ、酒を加えてもみ、5分ほどおく。

衣をつける

A［
・片栗粉…大さじ3
・塩こしょう…4ふり
］

1の水けをふき取ってポリ袋に入れ、**A**を加えてふり混ぜる。

揚げ焼きにする

・オリーブオイル…大さじ3
・にんにく（みじん切り）…1片

フライパンにオリーブオイルとにんにくを入れて弱火で熱し、軽く色づいてきたら**2**を入れ、揚げ焼きにする。

ソースとあえる

B［
・マヨネーズ…大さじ3
・トマトケチャップ…大さじ1
・砂糖…大さじ½
・酢…小さじ1
・醤油…小さじ½
］

ボウルに**B**を入れて混ぜ、**3**を加えてあえる。

鯛のカルパッチョ

ドレッシングを作る

A
- ・オリーブオイル… 大さじ 3
- ・レモン汁… 小さじ 2
- ・砂糖… 小さじ½
- ・醤油… 小さじ 1
- ・塩… ひとつまみ
- ・粗びき黒こしょう、
  ドライバジル(好みで)…各適量

ボウルにAを入れて混ぜる。

仕上げる

- ・鯛(刺身用)… 1 さく
- ・ミニトマト(好みで・半分に切る)… 3 〜 4 個
- ・ベビーリーフ(好みで)… 適量

鯛は薄いそぎ切りにして、器に盛る。好みでミニトマト、ベビーリーフをのせ、**1** をかける。

Point ▶ 鯛を切るときは、包丁を奥から手前へ引くようにすると、上手く切れる。

6

箸がとまらない
至福のごはん

腹が減っては戦ができぬ！
おなかをちゃんと満足させるごはんもの、
知っておいて損はありません。
見た目も食欲をそそる丼もの、
こがし醤油が香る炒飯、
人気のバターチキンカレーや
ガパオライスも
だれウマ流レシピでお届けします。

ふわとろ卵と
甘～い玉ねぎ

究極の玉子丼

煮汁を煮立てる

A
- 水 … 80mℓ
- 醤油、みりん … 各大さじ1
- 酒 … 大さじ½
- 砂糖 … 小さじ2
- 顆粒だし（和風・好みで）… 小さじ⅕

小さめのフライパンに A を入れて煮立てる。

玉ねぎを煮る

- 玉ねぎ（縦薄切り）… ¼個

玉ねぎを加え、色が透き通ってしんなりするまで煮る。

卵でとじる

- 卵（軽く溶きほぐす）… 2個
- ごはん … 適量
- 卵黄（好みで）… 1個分
- みつば（食べやすく切る）、刻みのり（好みで）… 各適量

卵を 2 に2回に分けて加え、半熟になったら火を止める。器に盛ったごはんにのせ、好みで卵黄、みつば、刻みのりをのせる。

Point ▶ 卵は白身のかたまりが残る程度に数回軽く混ぜておくことで、ふわふわに仕上がる。

スタミナがっつり
背徳の旨さ！

悪魔のねぎ塩豚カルビ丼

たれを作る

A
- ・長ねぎ（みじん切り）…⅓本
- ・おろしにんにく … 1片分
- ・酒 … 大さじ1
- ・鶏ガラスープの素（好みで）、砂糖、白だし
  … 各小さじ1
- ・レモン汁 … 小さじ½
- ・粗びき黒こしょう、白いりごま（好みで）
  … 各少々

ボウルにAを入れて混ぜる。

豚肉を炒める

- ・ごま油 … 大さじ1
- ・豚バラ薄切り肉（3cm幅に切る）…100g

フライパンにごま油を弱火で熱し、豚肉を炒める。

調味する

- ・ごはん … 適量
- ・刻みねぎ（好みで）… 適量

肉の色が変わったら**1**を加え、2分ほど炒める。
器に盛ったごはんにのせ、好みで刻みねぎをちらす。

ふんわりとろ～り
箸が進む

ふわとろ卵のかに玉丼

あんの材料を混ぜる

A
- 水 … ½カップ　・醤油 … 大さじ1
- 砂糖 … 小さじ2
- 鶏ガラスープの素、酢、片栗粉 … 各小さじ1

ボウルにAを入れて混ぜる。

卵液を混ぜる

B
- かに風味かまぼこ（ほぐす）… 2～3本
- 卵 … 2個　・刻みねぎ … 適量
- マヨネーズ … 小さじ1　・塩こしょう … 2ふり

別のボウルにBを入れて混ぜる。このとき、卵を混ぜすぎない。

かに玉を作る

- サラダ油 … 大さじ1　・ごはん … 適量

フライパンにサラダ油を中火で熱し、**2**を入れ、菜箸で手早くかき混ぜる。半熟になったら、器に盛ったごはんにのせる。

あんを作る

- 刻みねぎ（好みで）… 適量

3のフライパンをキッチンペーパーでふき、**1**を入れて混ぜながら弱火で熱し、とろみがついたら**3**にかける。好みで刻みねぎをのせる。

89

スタミナ満点
味も満点

にらと豚ひき肉の激旨スタミナ丼

炒める

- ・ごま油…大さじ1
- ・玉ねぎ（みじん切り）…¼個
- ・豚ひき肉…80g

フライパンにごま油を中火で熱し、玉ねぎをしんなりするまで炒める。ひき肉を加え、ほぐしながら炒める。

調味する

A
- ・おろしにんにく…½片分
- ・醤油、みりん…各大さじ1
- ・酒…大さじ½
- ・砂糖、甜麺醤…各小さじ2
- ・にら（3cm長さに切る）…2本
- ・ごはん…適量
- ・卵黄（好みで）…1個分
- ・ラー油（好みで）…適量

ひき肉の色が変わったら、合わせたAを加えて炒める。汁けがなくなったらにらを加えてひと炒めする。器に盛ったごはんにのせ、好みで卵黄をのせ、ラー油をかける。

Point ▶ Aを加えた後、汁けがなくなるまでしっかり炒めて、にんにくの辛味とアルコールを飛ばすこと。

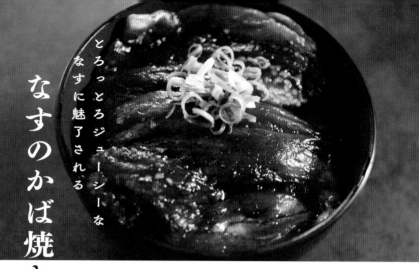

とろっとろジューシーななすに魅了される

なすのかば焼き丼

レンジ加熱する

・なす（ヘタを取り皮をむく）…2本

なすを耐熱ボウルに入れてふんわりとラップをかけ、電子レンジで3分30秒ほど加熱する。

切り開く

取り出してラップをはずし、包丁で縦に切り込みを入れて左右に開く。

⚠ なすが熱くなっているので要注意。

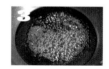

たれを作る

・酒、みりん、醤油 … 各大さじ3
・砂糖 … 大さじ2

フライパンに酒、みりんを入れて中火で煮立て、醤油、砂糖を加え、軽くとろみがつくまで煮詰める。

からめる

・ごはん … 適量　・粉山椒（好みで）… 少々
・刻みねぎ（好みで）… 適量

2を加えて、なすにたれをしみ込ませるように、じっくり煮からめる。器に盛ったごはんにのせ、好みで粉山椒をふり、刻みねぎをのせる。

片栗粉をまぶす

・豚バラ薄切り肉（食べやすく切る）…100g
・片栗粉 … 大さじ1

ポリ袋に豚肉と片栗粉を入れ、ふり混ぜる。

たれを混ぜる

A[・醤油、みりん、酒、酢、砂糖 … 各大さじ1

ボウルにAを入れて混ぜる。

焼く

・サラダ油 … 大さじ1

フライパンにサラダ油を中火で熱し、1を入れて
両面に焼き色をつける。

調味する

・ごはん … 適量
・卵黄（好みで）… 1個分

2を加えて汁けが少なくなるまで煮詰め、器に盛
ったごはんにのせる。好みで卵黄をのせる。

風味と旨味の
頂点に立つもの

にんにく香る！こがし醤油の黒旨炒飯

豚肉を炒める

- サラダ油 … 大さじ½
- にんにく（みじん切り）… 1片
- 玉ねぎ（みじん切り）… ¼個
- 豚バラ薄切り肉（2cm幅に切る）… 50g
- 塩こしょう … 2ふり

フライパンにサラダ油を中火で熱し、にんにく、玉ねぎ、豚肉を入れて塩こしょうをふり、肉に焼き色がつき、にんにくと玉ねぎがきつね色になるまで炒める。

ごはんを炒める

- 溶き卵 … 1個分
- ごはん … 適量

溶き卵、ごはんを加え、ごはんをほぐしながらよく炒める。

調味する

A
- 醤油 … 大さじ1
- ウスターソース、砂糖 … 各大さじ½
- カレー粉 … 小さじ1
- 卵黄（好みで）… 1個分
- 刻みねぎ（好みで）… 適量
- ラー油（好みで）… 5〜6滴

ごはんをフライパンの端に寄せ、フライパンの縁から合わせたAを入れ、軽くこがす。香りが立ったらごはんと炒め合わせ、カレー粉をふってさらに炒める。器に盛り、好みで卵黄と刻みねぎをのせ、ラー油をかける。

さば、味噌、マヨがクセになる味

さば缶卵かけごはん

混ぜる

A
- さば味噌煮缶 … 1缶
- マヨネーズ … 大さじ1
- ごま油、ラー油 … 各小さじ1
- ごはん … 適量
- 卵黄 … 1個分
- 刻みねぎ … 適量

さば缶のふたを開け、Aを加えてさばの身をほぐしながら混ぜる。器に盛ったごはんにのせ、卵黄をのせ、刻みねぎをちらす。

Point ▶ さばの身をほぐしながら混ぜることで、味が均一になり、より食べやすくなる。

サーモンとアボカドの韓国風海鮮丼

にんにくとごま油香る

混ぜる

- ・サーモン（刺身用・1cm角に切る）…100g
- ・アボカド（1cm角に切る）…½個

A
- ・めんつゆ（3倍濃縮）…大さじ2
- ・ごま油…大さじ½
- ・おろしにんにく…½片分
- ・白いりごま…ふたつまみ

サーモン、アボカド、Aをボウルに入れ、混ぜる。

冷やす

- ・ごはん…適量
- ・温泉卵（好みで）…1個
- ・白いりごま（好みで）…少々

1を冷蔵庫で30分以上冷やす。器に盛ったごはんにのせ、好みで温泉卵をのせ、ごまをふる。

凝縮された素材の旨味と
とろ～りチーズが最強

鶏肉となすの
トマトドリア

郵便はがき

150-8482

東京都渋谷区恵比寿4-4-9
えびす大黒ビル
ワニブックス 書籍編集部

お手数ですが
切手を
お貼りください

―― **お買い求めいただいた本のタイトル** ――

本書をお買い上げいただきまして、誠にありがとうございます。
本アンケートにお答えいただけたら幸いです。
ご返信いただいた方の中から、
抽選で毎月5名様に図書カード（1000円分）をプレゼントします。

ご住所　〒
TEL（　　　-　　　-　　　）
（ふりがな） お名前
ご職業 　　　　　　　年齢　　　　歳 　　　　　　　　　　性別　男・女
いただいたご感想を、新聞広告などに匿名で 使用してもよろしいですか？　（はい・いいえ）

※ご記入いただいた「個人情報」は、許可なく他の目的で使用することはありません。
※いただいたご感想は、一部内容を改変させていただく可能性があります。

●この本をどこでお知りになりましたか?(複数回答可)

1. 書店で実物を見て　　　　　2. 知人にすすめられて
3. テレビで観た(番組名:　　　　　　　　　　　　　　　)
4. ラジオで聴いた(番組名:　　　　　　　　　　　　　　)
5. 新聞・雑誌の書評や記事(紙・誌名:　　　　　　　　　)
6. インターネットで(具体的に:　　　　　　　　　　　　)
7. 新聞広告(　　　　　　新聞)　8. その他(　　　　　　)

●購入された動機は何ですか?(複数回答可)

1. タイトルにひかれた　　　　　2. テーマに興味をもった
3. 装丁・デザインにひかれた　　4. 広告や書評にひかれた
5. その他(　　　　　　　　　　　　　　　　　　　　　　)

●この本で特に良かったページはありますか?

●最近気になる人や話題はありますか?

●この本についてのご意見・ご感想をお書きください。

以上となります。ご協力ありがとうございました。

蒸し焼きにする
- オリーブオイル … 大さじ2
- 鶏もも肉（ひと口大に切る）…½枚
- なす（乱切りにして5分ほど水にさらす）
  …1本
- 玉ねぎ（縦薄切り）…¼本

フライパンにオリーブオイルを中火で熱し、鶏肉、水けをきったなす、玉ねぎを炒める。野菜がしんなりしたらふたをして2〜3分蒸し焼きにする。

煮る
A [
- カットトマト缶 …½缶
- 醤油、砂糖 … 各大さじ½
- 顆粒コンソメ … 小さじ1
- 塩こしょう … イふり
]

Aを加えてひと混ぜし、5〜6分煮る。

焼く
- ごはん … 適量
- マヨネーズ、ピザ用チーズ … 各適量

耐熱の器にごはんを盛り、2をかける。マヨネーズ、ピザ用チーズをのせ、オーブントースターで10分ほど焼く。

Arrange ▶ ソースが余ったら、ゆでたスパゲッティにからめてもおいしい。

無水トマトバターチキンカレー

トマトのおいしさ
ギュッと凝縮

炒める

・オリーブオイル … 大さじ 3
・鶏もも肉（ひと口大に切る）… 1枚
・玉ねぎ（みじん切り）… 1個
・にんにく（みじん切り）… 1片

フライパンにオリーブオイルを中火で熱し、鶏肉、玉ねぎ、にんにくを炒める。

煮る

・カットトマト缶 … 1缶
・プレーンヨーグルト（無糖）… 大さじ 3

玉ねぎが透き通ってきたらトマト缶とヨーグルトを加え、弱火で10分ほど煮る。

ルウを加える

A ┌ ・カレールウ … 2かけ
  └ ・砂糖、ウスターソース（好みで）… 各大さじ 1

Aを加え、ルウを溶かすようにして混ぜ、5分ほど煮る。

バターを加える

・バター … 20g
・ごはん … 適量
・ドライパセリ（好みで）… 少々

火を止め、バターを加えて溶かす。器に盛ったごはんにかけ、好みでパセリをふる。

炒める

- ・オリーブオイル … 大さじ2
- ・にんにく（みじん切り）… 1片
- ・しょうが（みじん切り）… 大さじ1
- ・赤唐辛子（好みで・小口切り）… 1本

フライパンにオリーブオイル、にんにく、しょうが、好みで赤唐辛子を入れて中火で炒める。

玉ねぎを加える

- ・玉ねぎ（みじん切り）… 1と½個

香りが立ったら玉ねぎを加え、薄いきつね色になるまで炒める。

ひき肉を加える

- ・豚ひき肉 … 250g

A ［ ・カレー粉（好みで）… 大さじ½ ・塩こしょう … 5ふり
・カットトマト缶 … 1缶

ひき肉を加え、ひと炒めする。軽く色づいたらAを加えてひと混ぜし、汁けがほぼなくなるまで煮る。

ルウを加える

B ［ ・カレールウ … 2かけ ・砂糖 … 大さじ1
・ごはん … 適量
・卵黄、ドライパセリ（好みで）… 各適量

Bを加えて溶かし、弱火で5分ほど煮る。器に盛ったごはんにかけ、卵黄をのせ好みでパセリをふる。

ガパオ風ライス

ピリッとした辛さと
やさしい甘味

にんにくを炒める

- ごま油…大さじ1
- にんにく（みじん切り）…½片
- 赤唐辛子（小口切り）…1本
- 豆板醤（好みで）…小さじ½

フライパンにごま油、にんにく、赤唐辛子、好みで豆板醤を入れて中火で炒める。

ひき肉を加える

- 豚ひき肉（または鶏ひき肉）…100g
- 玉ねぎ（みじん切り）…¼個

香りが立ったら、ひき肉と玉ねぎを加え、きつね色になるまで炒める。

具材を加えて調味

- パプリカ（赤・1cm角に切る）…¼個
- ピーマン（1cm角に切る）…½個
- A [・オイスターソース…大さじ1　・砂糖…大さじ½
       ・醤油…小さじ1　・塩こしょう…少々
- ごはん…適量

パプリカとピーマンを加えてひと炒めし、Aを加えて汁けがなくなるまで炒める。器に盛ったごはんに添える。

目玉焼きを作る

- 卵…1個　・ドライバジル（好みで）…少々

同じフライパンで目玉焼きを作り、3のごはんの上にのせる。好みでバジルをふる。

7

がっつり麺が食べたいなら

今日はつるつる、しこしこの
おいしい麺が食べたい気分！
そんな日のために、麺をゆでたら
あとはあえるだけの簡単油そばから、
具だくさんのボリュームパスタなど、
舌もおなかも大満足の
メニューばかりをそろえました。

パスタのおいしいゆで方

いつもパスタをなんとなく
ゆでていませんか？
つるつる、しこしこの
おいしいパスタをゆでるには、
少し多めの塩を入れるのが大切。
ソースとのなじみもよくなり、
ゆで汁はソース作りにも使えます。
さらに、麺にコシを与える効果も！
パスタのおいしいゆで方、
おさらいしておきましょう。

〖 材料 〗
スパゲッティ…100g
水…1ℓ
塩…10g（約小さじ2）

喫茶店のナポリタン
P.109

ボンゴレビアンコ
P.111

鍋に湯を沸騰させ、塩を加える

Point

▷ 1人分約100gのパスタをゆでるには、湯はおよそ1ℓ必要です。塩の量は湯の重量の約1%。パスタに下味がつき、ソースとの一体感も出ます。

袋の表示時間通りにゆでる

Point

▷ 沸騰した湯にパスタを入れ、パスタ同士がくっつかないようにときどき混ぜながら、袋の表示時間通りにゆでます。ただし、フライパンの中でソースをからめるときは1分短めにゆでましょう。

▷ パスタのゆで汁は、ソースを乳化させるのにとても役立ちます。レシピ内で「ゆで汁」とあるときは、このゆで汁を使ってください。

本格トマトソース
パスタ

トマト本来の旨味を
召し上がれ

炒める

- スパゲッティ…100g
- オリーブオイル…大さじ2
- 厚切りベーコン（1cm幅に切る）…50g
- 玉ねぎ（薄切り）…¼個

A
- にんにく（みじん切り）…1片
- 赤唐辛子（小口切り）…1本

スパゲッティはP104を参照してゆでる。フライパンにオリーブオイルを弱火で熱し、ベーコン、玉ねぎ、Aを入れて、玉ねぎがしんなりするまで炒める。

煮る

- カットトマト缶…½缶
- 塩…適量

トマト缶を加えて5分ほど煮る。塩で味をととのえる。

あえる

- 粉チーズ（好みで）…適量

ゆで上がったスパゲッティとゆで汁大さじ2を加えてよくあえる。器に盛り、好みで粉チーズをふる。

にんにくの香りが
口の中に広がる

プロ級のペペロンチーノ

にんにくを弱火にかける

- スパゲッティ…100g
- オリーブオイル…大さじ3

A
- にんにく（みじん切り）…1片
- 赤唐辛子（半分に切る）…1本

スパゲッティはP104を参照してゆでる。フライパンにオリーブオイルと A を入れて弱火にかける。

炒める

にんにくが薄いきつね色になったら、スパゲッティのゆで汁大さじ3を加え、乳化するまでよく混ぜる。

あえる

- ドライバジル（好みで）…少々

ゆで上がったスパゲッティを加えてよくあえる。器に盛り、好みでバジルをふる。

Point ▶ 手順**2**でゆで汁を加え、しっかりと乳化させることで、旨味のあるソースに仕上がる。オイルとゆで汁を混ぜ、白くにごった状態にしてとろみをつけること。

コク深い昔懐かしの味

喫茶店のナポリタン

炒める

- ・スパゲッティ…100g
- ・オリーブオイル…大さじ1
- ・ウインナ（斜め薄切り）…2本
- ・ピーマン（縦細切り）…1個
- ・玉ねぎ（縦薄切り）…¼個　・塩こしょう…3ふり

スパゲッティはP104を参照してゆでる。フライパンにオリーブオイルを中火で熱し、ウインナ、ピーマン、玉ねぎを炒め、野菜がしんなりしたら塩こしょうをふる。

調味する

A [
- ・トマトケチャップ…大さじ3
- ・ウスターソース…大さじ½

具材を寄せ、あいたところに A を入れて軽く煮詰めてケチャップの酸味を飛ばしてから、全体を炒め合わせる。

あえる

- ・バター（好みで）…10g

ゆで上がったスパゲッティと好みでバターを加えてよくあえる。

Point ▶ 手順2で具材と合わせる前にソースを軽く煮詰めることで、余計な水分や酸味が飛び、コクのあるナポリタンに仕上がる。

濃厚明太クリームが
胃袋をつかむ！

濃厚クリーム明太子パスタ

混ぜる

- スパゲッティ…100g

A
- ・明太子（薄皮を除く）…40g
- ・生クリーム（または牛乳・室温にもどす）
  …大さじ4
- ・めんつゆ（3倍濃縮）、マヨネーズ
  …各大さじ1
- ・バター…10g

- ・明太子（薄皮を除く）…少々
- ・青じそ（好みで・刻む）…1枚
- ・刻みのり（好みで）…適量

スパゲッティはP104を参照してゆでる。
ボウルにスパゲッティとAを入れ、混ぜる。
器に盛り、明太子、好みで青じそ、刻みの
りをのせる。

Arrange ▶ ソースに熱々のごはんを入れ、
ピザ用チーズを加えて混ぜれば、
明太リゾット風に。

ボンゴレビアンコ

あさりの旨味がじんわり広がる

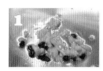

にんにくを炒める

・スパゲッティ…100g
・オリーブオイル…大さじ3
・にんにく（みじん切り）…1片
・赤唐辛子（小口切り）…1本

スパゲッティはP104を参照してゆでる。
フライパンにオリーブオイルとにんにく、
赤唐辛子を入れて弱火で炒める。

あさりを蒸し煮にする

・あさり（殻つき・砂抜きする
　（P46参照））…100g
・白ワイン…大さじ4

にんにくが薄いきつね色になったら、あさ
りと白ワインを加えてふたをし、あさりの
口が開くまで3分ほど蒸し煮にする。

あえる

・粗びき黒こしょう、
　ドライパセリ（好みで）…各少々

ゆで上がったスパゲッティとゆで汁大さじ
2、好みで黒こしょうを加えてよくあえる。
器に盛り、好みでパセリをふる。

この甘辛さがクセになる

高速絶品肉うどん

煮る

・サラダ油 … 大さじ1
・牛こま切れ肉 … 80g

A[・めんつゆ（3倍濃縮）、砂糖 … 各大さじ2
・水 … 大さじ1

フライパンにサラダ油を中火で熱し、牛肉を炒める。色が変わったら、Aを加えて軽くとろみがつくまで煮詰める。

ゆでる

・うどん … 1袋
・卵黄 … 1個分
・刻みねぎ（好みで） … ひとつまみ

うどんは袋の表示時間通りにゆでる。器に盛り、1を汁ごとのせ、卵黄をのせる。好みで刻みねぎをちらす。

 ▶ 牛肉は火を通しすぎるとかたくなってしまうので、注意。

バター油そば

食べる人を幸せにするがっつり麺

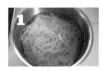

ゆでる

・中華麺 … 1袋

中華麺は袋の表示時間通りにゆでる。

たれを混ぜる

A
- ・焼肉のたれ … 大さじ1と½
- ・砂糖、ごま油 … 各大さじ½
- ・顆粒中華スープの素 … 小さじ1

器にAを入れて混ぜる。

からめる

- ・バター…5g　・卵黄 … 1個分
- ・刻みねぎ … 適量
- ・おすすめのトッピング（焼豚、メンマ、焼きのり、白いりごま、白菜キムチなど）… 各適量

ゆで上がった麺とバターを**2**に加えて混ぜる。卵黄、刻みねぎ、好みのトッピングをのせる。

Point ▶ 麺が熱いうちにバターと合わせることで、全体にバターがよくからみ、風味がアップする。

豚バラの脂＆
ごま油の絶妙コラボ

無限油パスタ

炒める

・スパゲッティ…100g
・ごま油…大さじ2
・にんにく（みじん切り）…1片
・豚バラ薄切り肉（3㎝幅に切る）…70g

スパゲッティはP104を参照してゆでる。
フライパンにごま油とにんにく、豚肉を入
れて弱火で炒め、豚肉の色が変わったら、
スパゲッティのゆで汁大さじ2を加えてよ
く混ぜ、乳化させる。

あえる

・めんつゆ（3倍濃縮）…大さじ1
・粗びき黒こしょう…少々
・卵黄（好みで）…1個分
・刻みねぎ（好みで）…適量

ゆで上がったスパゲッティ、めんつゆ、黒
こしょうを加えてよくあえる。器に盛り、
好みで卵黄、刻みねぎをのせる。

8

のっけたい！ごはんのおとも

食卓にちょこんとあるだけで、
ごはんがいくらでも食べられる！
こっくり濃厚味やピリ辛味など、
香りや食感にもこだわった
ごはんのおともレシピです。
ごはんにのせるのはもちろん、
おにぎりの具にしたり
パスタと合わせたりするのもおすすめ。

青じその醤油漬け

炊きたてごはんと、これさえあれば

たれを作る

A ┌ ・醤油 … 大さじ2
  │ ・砂糖 … 大さじ1
  │ ・ごま油、酢 … 各大さじ½
  └ ・白いりごま … ひとつまみ

保存容器に A を入れて混ぜる。

漬ける

・青じそ … 10枚

1 に青じそを入れてからめてふたをし、冷蔵庫で1時間ほどおく。

(*) 保存期間 ▶ **冷蔵庫で1週間**

Point ▶ 青じそは汚れや水分をよくふき取ってから使用すること。

お箸で持てるねっとり卵黄

まるでバター！究極の卵黄漬け

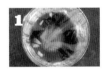

漬ける

- 卵黄…1個分
- めんつゆ（3倍濃縮）…適量
- にんにく（粗みじん切り）…¼片

小さめのボウルに卵黄を入れ、卵黄がひたるくらいのめんつゆを注ぐ。にんにくを加えてラップをかけ、冷蔵庫で2日ほどおく。

（＊）保存期間▶ **冷蔵庫で5日**

Arrange ▶ 熱々のごはんのほか、冷ややっこ、おひたしにのせたり、焼きのりで巻いて食べたりするのもおすすめ。

卵黄の濃厚味噌漬け

味噌の風味がじんわりしみる

味噌床を作る

A ┌ ・味噌 … 大さじ 2
　 └ ・みりん … 小さじ 2

小さめのボウルにＡを入れて混ぜる。

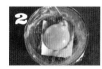

漬ける

・卵黄 … 1 個分

1 に小さく切ったキッチンペーパーをのせ、その上に卵黄をのせてラップをかけ、冷蔵庫で 1 〜 2 日おく。

(＊)  保存期間 ▶ 冷蔵庫で 5 日

 Arrange ▶ 熱々のごはんのほか、冷ややっこ、おひたしにのせたり、焼きのりで巻いて食べたりするのもおすすめ。おにぎりの具にしても。

バター香る甘辛味

なめたけバター

煮る

・えのきだけ（長さを4等分に切る）…1袋
A[・醤油、みりん、酒、砂糖 … 各大さじ2
フライパンにえのきだけとAを入れて中火で
煮立て、しんなりして汁けが少なくなるまで煮
る。

酢とバターを加える

・酢 … 小さじ½
・バター…10g
酢、バターを加えて混ぜ、バターを溶かす。

Arrange ▶ ゆでたスパゲッティにからめれば、
バター風味のきのこパスタに。

きゅうりのパリパリ漬け

塩もみする

- きゅうり（5mm厚さの輪切り）…3本
- 塩…大さじ1

きゅうりに塩をふってもみ、5分以上おく。

煮る

A
- 醤油…70mℓ
- 砂糖…40g
- 酢…大さじ1
- しょうが（せん切り）…15g

小さめのフライパンにAを中火で煮立て、しょうが、水けをしぼった1を加える。

再び加熱する

再び煮立ったら火を止め、そのまま30分ほどおく。再び中火でひと煮立ちさせ、火を止めて冷ます。

Arrange ▶ 細かく刻んで、マヨネーズ、刻んだゆで卵と混ぜ、和風タルタルソースにするのもおいしい。

鮭めんたい

鮭と明太子の悪魔的組み合わせ

焼いてほぐす

・サラダ油 … 少々
・生鮭 … 1切れ

フライパンにサラダ油を中火で熱し、鮭を両面こんがりと焼く。骨と皮をていねいに除き、ボウルに入れて細かくほぐす。鮭フレーク70gでも代用可。

混ぜる

・明太子（薄皮を除く）… 1はら
・めんつゆ（3倍濃縮）… 大さじ½

1に明太子、めんつゆを加えて混ぜる。

Arrange ▶ 熱々のごはんにのせるのはもちろん、ごはんに混ぜておにぎりにしたり、ゆでたスパゲッティとあえても。

いくらでも食べられる
最強のごはんのおとも

豚のしぐれ煮

炒める

- サラダ油 … 大さじ1
- 豚バラ薄切り肉（2cm幅に切る）… 100g
- 玉ねぎ（みじん切り）… ¼個
- にんにく（みじん切り）… 1片

フライパンにサラダ油を中火で熱し、豚肉、玉ねぎ、にんにくをじっくり炒める。

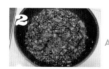

調味料を加える

A [
- 酒 … 大さじ3
- 醤油、みりん、砂糖 … 各大さじ2

肉の色が変わったら A を加える。

煮詰める

汁けがなくなるまで煮詰める。

誰もが幸せになる歓喜のデザート

マグカップで作る大人気「やばいプリン」や、
ふわふわスフレパンケーキ、
本格味の濃厚チョコテリーヌなど。
実は甘党の僕が、何度も試作を重ねた
絶品レシピをぜひ試してほしい！
大学いもやラスクなど、
ほっとするおやつレシピもあります。

濃厚なめらか
口の中でとろける

やばいプリン

1

カラメルを作る

A[・グラニュー糖 … 大さじ1　・水 … 小さじ1

耐熱のマグカップ（容量約1カップ）にAを入れて混ぜる。電子レンジで1分30秒ほど加熱し、さらに20秒ずつ、飴色になるまで数回加熱を繰り返す。

⚠ カラメルの熱でマグカップが割れる恐れがあるので、2回目以降の加熱は少しずつ慎重に。不安な方はカラメルなしで、手順3から始めましょう。

2

湯を混ぜる

・湯 … 小さじ1

取り出して湯を加えて混ぜ、冷ます。

⚠ 湯を加えるとカラメルがはねることがあるので、注意。

3

卵液を作る

B[
・卵（室温にもどす）… 1個
・牛乳（室温にもどす）… 120㎖
・グラニュー糖 … 大さじ2
・バニラエッセンス（好みで）… 3滴

ボウルにBを入れて泡立て器で泡立てないように静かに混ぜる。茶こしでこしながら**2**に注ぐ。

4

レンジ加熱する

電子レンジで1分45秒加熱する。1分経ったあたりから様子を見ながら、プリン液がモワモワとふくれ上がるまで加熱する（ふくらんでこない場合は少しずつ再加熱する）。プリン液がふくれ上がったらすぐにレンジから取り出してカップ全体をアルミホイルで包み、余熱で火を通す。粗熱が取れたら冷蔵庫で冷やす。

プルップルで超なめらか

やばいプリン
極

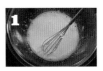

ゼラチンを溶かす

・牛乳…120㎖　・粉ゼラチン…2g

耐熱ボウルに牛乳を入れ、ラップをかけずに電子レンジで1分30秒加熱する。粉ゼラチンをふり入れて混ぜ、ゼラチンを溶かす。

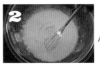

混ぜる

A [・卵…1個　・グラニュー糖…大さじ2
・バニラエッセンス…3滴]

1に**A**を加え、泡立て器で静かに混ぜる。

冷やしかためる

茶こしでこしながらカップに注ぐ。冷蔵庫で冷やしかためる。

カラメルを作る

B [・グラニュー糖…大さじ2　・水…大さじ1
・水…大さじ1と½]

小さめのフライパンに**B**を入れて弱火で熱し、飴色になったらすぐ火を止める。水をフライパンの縁から加えて混ぜ、粗熱を取る。器に**3**を取り出し、カラメルをかける。

⚠ 水を加えるとカラメルがはねることがあるので、注意。

濃厚バニラアイス

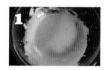

混ぜる

- 卵黄 … 2個分
- グラニュー糖 … 50g

ボウルに卵黄とグラニュー糖を入れて泡立て器で白っぽくなるまで混ぜる。

泡立てる

- 生クリーム … 1カップ

別のボウルに生クリームを入れ、底を氷水につけながら、角がピンと立つくらいまで泡立てる。

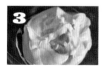

混ぜる

- バニラエッセンス（好みで）… 5滴

2に**1**と好みでバニラエッセンスを加え、ゴムべら（または泡立て器）でやさしく混ぜる。

冷やす

バットに移し、冷凍庫で冷やしかためる。

超濃厚チョコテリーヌ

チョコを溶かす

・板チョコ（ひと口大に割る）…200g
・バター（2cm角に切り室温にもどす）…40g

耐熱ボウルにチョコとバターを入れ、湯せんにかけ、ゴムべらで混ぜながら溶かす。

生クリームを混ぜる

・生クリーム（室温にもどす）…½カップ

生クリームを少しずつ加えてゴムべらで混ぜる。

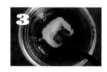

卵を混ぜる

・溶き卵（室温にもどしてこす）…2個分

溶き卵を少しずつ加えてゴムべらで混ぜる。

型に流し、焼く

・ココアパウダー（好みで）…適量

オーブンシートを敷いたパウンド型（18cm）に入れ、180℃に予熱したオーブンで20分ほど焼く。粗熱が取れたら冷蔵庫で冷やす。好みでココアパウダーを茶こしでふる。

しっとりバナナケーキ

優しい甘味の
ほっこりおやつ

バナナをつぶす

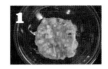

・バナナ…2本

ボウルにバナナを入れてフォークなどでつぶし、ペースト状にする。

混ぜる

・ホットケーキミックス…150g

A
- ・卵…1個
- ・牛乳…½カップ
- ・はちみつ（または砂糖）…大さじ2

1にホットケーキミックスとAを加え、泡立て器でなめらかに混ぜる。

焼く

・サラダ油…大さじ1
・粉砂糖（好みで）…適量

炊飯器の内釜にサラダ油を塗り、**2**を入れて炊飯スイッチを押す。スイッチが切れたら竹串を刺してみて、生地がついてこなければ焼き上がり。生地がついてきたら、再度スイッチを押してときどき様子を見ながら加熱する。好みで粉砂糖を茶こしでふる。

ふわっふわの
スフレパンケーキ

口でとろける
繊細なやわらかさ

生地を混ぜる

・卵 … 2個
・プレーンヨーグルト（無糖・または牛乳）
　… 大さじ1
A [・小麦粉 … 30g
　・ベーキングパウダー … 小さじ1

卵は卵白と卵黄に分けてそれぞれボウルに入れる。卵黄にヨーグルトを加えて泡立て器で混ぜる。A をふるいながら加え、粉っぽさがなくなるまで泡立て器で混ぜる。

メレンゲを作る

・グラニュー糖 … 25g

卵白にグラニュー糖を数回に分けて加え、そのつどハンドミキサー（または泡立て器）で混ぜ、ピンと角が立つまで泡立てる。

メレンゲを混ぜる

1に**2**を¼量ほど加えて泡立て器でよく混ぜる。混ぜたら**2**のボウルにすべて入れ、ゴムべらでサックリと切るように混ぜる（メレンゲの泡をつぶさないように）。

焼く

・サラダ油 … 大さじ½
・水 … 大さじ1

フライパンにサラダ油をキッチンペーパーでのばして弱火で熱し、**3**を3等分にして入れる。水を加えてふたをし、表面が乾燥するまで、4分ほど焼く。

裏返して焼く

・水 … 大さじ1
・**ホイップクリーム、粉砂糖（好みで）… 各適量**

生地をそっと裏返し、水を加えてふたをし、さらに3分焼いて器に盛る。好みでホイップクリームを添え、粉砂糖をふる。

サクサクほろほろ
ほどける食感

ケーキ屋さんのサクほろバタークッキー

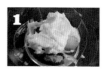

バターを練る

・バター（室温にもどす）…50g

ボウルにバターを入れ、ゴムべらでマヨネーズくらいのかたさになるまで練る。

砂糖と卵を混ぜる

・粉砂糖（またはグラニュー糖）…40g
・卵黄 …1個分

粉砂糖と卵黄を加え、ゴムべらで混ぜる。

粉を混ぜる

・小麦粉…100g

小麦粉をふるい入れ、ゴムべらで練らないようにサックリと混ぜる。ひとまとまりになったらラップに取り出し、棒状に丸めて冷凍庫で1時間〜1日おく。

焼く

天板にオーブンシートを敷き、**3**を5mm〜1cm厚さの輪切りにして並べる。180℃に予熱したオーブンで15分ほど焼き、ケーキクーラーなどに取り出して冷ます。

幸福感に満たされる

ふわとろさ

雪解け食感！

プロのフレンチトースト

卵液を作る

- ・食パン（厚切りのもの）…1枚
- A ・卵…1個 ・牛乳…大さじ4
- ・グラニュー糖…10g

パンは耳を切り落として半分に切り、バットに並べる。ボウルにAを入れて混ぜ、茶こしでこしながらバットに流し入れる。

ひたす

1のパンの両面に卵液をからめ、ラップをかけて冷蔵庫でひと晩おく。

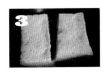

表面を焼く

- ・バター…10g

フライパンにバターを弱火で熱し、2を入れ、ふたをして5分ほど焼く。

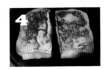

裏面を焼く

- ・粉砂糖、メープルシロップ（好みで）
  …各適量

裏返し、ふたをして2分焼く。器に盛り、好みで粉砂糖、メープルシロップをかける。

ずっしり濃厚
定番スイーツ

濃厚とろける
チーズケーキ

ボトムを作る

・ビスケット …75g
・無塩バター（電子レンジで20〜30秒
　加熱して溶かす）…40g

ポリ袋にビスケットを入れ、麺棒などでたたいて細かくし、バターを加えてもみ混ぜる。直径18cmの型にオーブンシートを敷いてビスケットを入れ、スプーンなどで底に押しつけるように、平らに敷きつめる。

生地を混ぜる

・クリームチーズ（室温にもどす）…200g
・グラニュー糖 …75g
・溶き卵 … 2個分
・生クリーム … 1カップ
・小麦粉（ふるう）…20g
・レモン汁（好みで）… 大さじ1

ボウルにクリームチーズとグラニュー糖を入れてクリーム状になるまで混ぜ、溶き卵、生クリーム、小麦粉、好みでレモン汁の順に加え、そのつど泡立て器でよく混ぜる。

焼く

2を1の型に流し入れ、170℃に予熱したオーブンで40〜45分焼き、型に入れたまま粗熱を取る。粗熱が取れたら冷蔵庫で冷やす。

外はカリッと
中はホクッと

愛しの大学いも

揚げる

- さつまいも（皮つきのまま乱切りにし、
  水に5分さらす）… 1本（400〜600g）
- サラダ油 … 適量

A ┌ 砂糖 … 大さじ5
  │ はちみつ … 大さじ2
  └ 水、みりん … 各大さじ1

フライパンにサラダ油を160℃に熱し、水
けをふいたさつまいもを入れて、竹串がす
っと刺さるようになるまで揚げる。その間
に別のフライパンにAを入れて弱火にかけ、
薄い茶色になるまで熱してたれを作る。

たれをからめる

- 黒ごま … 3つまみ

1のさつまいもを熱いうちに**1**のたれの入
ったフライパンに加え、中火にかけながら
からめる。黒ごまを加える。

冷やす

氷水に**2**を入れ、10秒ほどでざるに上げ
て水けをきる。

キャラメルラスク

カリカリサクサク
驚きのおいしさ

からいりする

・食パン（2cm角に切る）… 2枚

フライパンに食パンを入れて中火で熱し、カリッとするまでしっかりからいりする。オーブンシートを敷いた皿に取り出して冷ます。

キャラメルを作る

A
・グラニュー糖… 大さじ4
・水… 大さじ½
・無塩バター…25g
・牛乳… 大さじ3

フライパンにAを入れて弱めの中火で熱し、飴色になったらバター、牛乳を加え、キャラメル色になるまで煮詰める。

からめる

2に**1**を入れてからめ、オーブンシートを敷いた皿に、間を開けて並べ、完全にかたまるまでおく。

ほろりとくずれる
繊細な焼き菓子

卵白消費に！

ラングドシャ

バターを練る

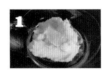

・無塩バター（室温にもどす）…40g
・グラニュー糖…40g

ボウルにバターを入れ、ゴムべらでマヨネーズくらいのかたさになるまで練る。グラニュー糖を加えて混ぜる。

卵白を混ぜる

・卵白…1個分

卵白を数回に分けて加え、そのつどよく混ぜる。

小麦粉を混ぜる

・小麦粉（ふるう）…40g

小麦粉を加えてゴムべらでサックリと混ぜる。

しぼり出して焼く

しぼり出し袋に入れる。天板にオーブンシートを敷き、直径2〜3cmの円形にしぼる（袋がない場合は、スプーンでも成形可）。180℃に予熱したオーブンで14分ほど焼き、ケーキクーラーなどに取り出して冷ます。

10

上級者に伝えたい本格レシピ

いつものおかずとはひと味違う、
ワンランク上の料理を作りたいなら、
このだれウマ流本格レシピに挑戦を。
テーブルで歓声が上がること間違いなしの、
プロ級のでき上がり!
人が集まるときのおもてなしにも
ぴったりのメニューです。

ざくざくの衣に
中はジュワッと

あられから揚げ

下味をつける

- ・鶏もも肉（ひと口大に切る）… 1枚
- A ┌ ・醤油、砂糖 … 各大さじ2
  ├ ・酒 … 大さじ1
  ├ ・みりん … 大さじ½
  └ ・おろしにんにく … 1片分

ボウルに鶏肉とAを入れてよくもみ、ラップを
かけて冷蔵庫で30分ほどおく。

衣を作る

- ・片栗粉 … 120g
- ・水 … ¼カップ

別のボウルに片栗粉を入れ、水を少しずつ加え
ながら手で混ぜ、そぼろ状にする。

衣をまぶす

- ・溶き卵 … ½個分
- ・小麦粉 … 大さじ1

1に卵と小麦粉を加えてもみ混ぜる。2の衣を
まんべんなくつける。

揚げる

- ・サラダ油 … 適量

フライパンにサラダ油を160℃に熱し、3を揚
げる。薄いきつね色になったら一度取り出し、
5分ほどおく。油の温度を180℃に上げ、再び
1分ほど揚げる。

絶妙な甘辛さに
中毒者続出

本格ヤンニョムチキン

下味をつける

- ・鶏もも肉（ひと口大に切る）… 1枚
- A ・酒 … 大さじ2
- ・塩こしょう … 3ふり

ボウルに鶏肉とAを入れてもみ、10分ほどおく。

たれを作る

- ・コチュジャン、トマトケチャップ … 各大さじ2
- B ・醤油、砂糖、
   はちみつ（または水飴）、水 … 各大さじ1
- ・おろしにんにく … 1片分

別のボウルにBを入れて混ぜる。

揚げる

- ・片栗粉 … 大さじ5
- ・サラダ油 … 適量

1のボウルに片栗粉を加えてもむ。フライパンに
サラダ油を160℃に熱し、鶏肉を揚げる。薄いき
つね色になったら一度取り出し、5分ほどおく。
油の温度を180℃に上げ、再び1分ほど揚げる。

たれをからめる

- ・アーモンド（好みで・細かくくだく）… 6粒

別のフライパンに**2**、**3**を入れて弱火にかけなが
ら炒め、からめる。器に盛り、好みでアーモンド
をちらす。

究極の豚の角煮

1 ゆでる

- 豚バラかたまり肉 … 500〜700g

A
- 米のとぎ汁（または水）… 適量
- 長ねぎの青い部分 … 1本
- しょうがの薄切り … 3枚

鍋に豚肉とAを入れて煮立て、弱火で1時間ほどゆでる。

2 切る

1のゆで汁を1と½カップ取っておく。豚肉を取り出し、粗熱が取れたら食べやすく切る。

3 煮る

B
- 酒、醤油 … 各大さじ4
- 砂糖 … 大さじ3
- みりん … 大さじ2
- 半熟卵（好みで）… 1個
- ゆでた青菜、白髪ねぎ（好みで）… 各適量

鍋にBと**2**で取り分けたゆで汁を煮立て、**2**の豚肉を入れる。アルミホイルで落としぶたをし、途中上下を返しながら、弱火で30分〜1時間煮る。器に盛り、好みで半熟卵、青菜を添え、白髪ねぎをのせる。

口の中で肉汁踊る！

究極のハンバーグ

玉ねぎを炒める

・サラダ油 … 大さじ½
・玉ねぎ（みじん切り）… ½個

フライパンにサラダ油を中火で熱し、玉ねぎを飴色になるまで炒め、粗熱を取る。

肉だねを作る

・合いびき肉 … 200g
・塩 … 小さじ¼

A ┌ ・パン粉 … 大さじ2と½
 └ ・牛乳 … 大さじ2

B ┌ ・溶き卵 … ½個
 │ ・マヨネーズ … 大さじ½
 │ ・ナツメグ … 小さじ¼
 └ ・塩こしょう … 2ふり

Aを合わせておく。ボウルにひき肉と塩を入れ、白っぽくなるまでよく練り混ぜる。A、B、1を加えて混ぜ、ラップをかけて冷蔵庫で30分以上おく。

成形する

2を2等分し、両手で10回ほど、キャッチボールをするようにして空気を抜く。平たい楕円形にまとめる。

焼く

・サラダ油 … 大さじ½
・白ワイン（または酒）… 大さじ1

フライパンにサラダ油を中火で熱し、3を並べて3分ほど焼く。上下を返して白ワインを加え、ふたをして弱火で3〜4分、竹串を刺してみて透明な肉汁が出るまで蒸し焼きにし、器に盛る。

ソースを作る

C ┌ ・赤ワイン（好みで）、トマトケチャップ
 │   … 各大さじ1と½
 │ ・ウスターソース、砂糖、醤油 … 各大さじ½
 └ ・バター… 2〜3g

4のフライパンにCを入れて中火にかけ、とろみがついたら、熱いうちに4にかける。

シャキシャキ野菜とあふれる肉汁

野菜たっぷり餃子

練る

・豚ひき肉…100g　・塩…ひとつまみ

ボウルにひき肉と塩を入れ、白っぽくなるまでよく練り混ぜる。

混ぜる

A
- ・醤油、オイスターソース、砂糖、片栗粉…各大さじ1
- ・鶏ガラスープの素、ごま油…各小さじ1
- ・おろしにんにく…½片分
- ・おろししょうが…½かけ分　・塩こしょう…4ふり

・キャベツ(みじん切り)…120g
・にら(みじん切り)…⅓束　・玉ねぎ(みじん切り)…¼個
・しいたけ(好みで・みじん切り)…2個

1に**A**を加えて練り混ぜ、キャベツ、にら、玉ねぎ、好みでしいたけを加えて軽く混ぜる。ラップをかけて冷蔵庫で1時間以上おく。

包む

・餃子の皮…20枚

餃子の皮で**2**を等分に包む。

焼く

・サラダ油…大さじ2　・ごま油…大さじ1

B
- ・熱湯…½カップ　・小麦粉…大さじ1

フライパンにサラダ油を中火で熱し、**3**を並べる。合わせた**B**を一気に加え、ふたをして蒸し焼きにする。水けがなくなったらごま油をまわしかけて強火にし、30秒焼く。

本格ハヤシライス

牛肉とトマトの旨味が凝縮

1 玉ねぎを炒める

A
- ・牛こま切れ肉…350g
- ・小麦粉…大さじ2
- ・塩こしょう…3ふり
- ・オリーブオイル…大さじ2

B
- ・玉ねぎ（縦薄切り）…1個
- ・にんにく（みじん切り）…1片
- ・バター…30g

ポリ袋に牛肉とAを入れてふり混ぜる。フライパンにオリーブオイルを中火で熱し、Bを入れ、玉ねぎが飴色になるまでじっくり炒める。

2 肉を炒める

- ・マッシュルーム（薄切り）…5個

1の牛肉とマッシュルームを加え、肉の色が変わるまで炒める。

3 煮る

C
- ・カットトマト缶…1缶
- ・ウスターソース、トマトケチャップ…各大さじ3
- ・砂糖…大さじ1
- ・固形コンソメ…1個
- ・赤ワイン（または水）…1カップ
- ・ごはん…適量

2にCを加え、弱めの中火で時折混ぜながら20分ほど煮る。ごはんとともに器に盛る。

本格油淋鶏

下味をつける

- 鶏もも肉（ひと口大に切る）… 1枚
- A
  - 醤油、酒 … 各大さじ1
  - おろしにんにく … 1片分
  - 塩こしょう … 4ふり

ポリ袋に鶏肉とAを入れてよくもみ、冷蔵庫で10分以上おく。

たれを作る

- B
  - 長ねぎ（みじん切り）… ⅓本
  - おろししょうが … ½かけ分
  - 酢、醤油、砂糖 … 各大さじ1
  - ごま油 … 大さじ½

ボウルにBを入れて混ぜる。

衣をつける

- 片栗粉 … 大さじ3
- 小麦粉（好みで）… 大さじ1

1に片栗粉と、好みで小麦粉を加えてふり混ぜる。

揚げる

- サラダ油 … 適量

フライパンにサラダ油を170℃に熱し、3を揚げる。薄いきつね色になったら一度取り出し、5分ほどおく。油の温度を180℃に上げ、再び1分ほど揚げる。器に盛り、2をかける。

番外編

Extra

「この調味料、家にないし……」
なんていうときも、安心。
アレとアレを組み合わせれば、アノ味に!
という代替調味料を編み出しました。
登録者数増加中の大人気
YouTubeチャンネルについても
紹介しています。

混ぜるだけ！

家にないときの
代替調味料レシピ

オイスター ソース
の代わり

醤油…大さじ1
＋
砂糖…大さじ½
＋
鶏ガラスープの素…小さじ½

甜麺醤
の代わり

味噌…大さじ1
＋
砂糖…小さじ1
＋
醤油…小さじ½

オイスターソースや豆板醤など、ちょっと特殊な調味料は、
スーパーには売っているけれど、家にある調味料でも
なんとかなります。わざわざ買わなくても大丈夫！

コチュジャン

の 代 わ り

味噌…大さじ1

+

砂糖、一味唐辛子…各小さじ1

+

醤油、ごま油…各小さじ½

豆板醤

の 代 わ り

味噌…大さじ1

+

一味唐辛子…小さじ1

+

醤油、ごま油…各小さじ½

だれウマってどんな人？

小さい頃からの料理好きが高じ、オリジナルレシピをSNSで紹介している大学生。今いちばん勢いのある料理系のYouTuberとして、注目を集めています。

YouTube

『だれウマ』

現在の活動の中心はYouTubeでのレシピ公開。誰でもおいしく、楽しく作れるレシピを届けるため、日々研究を続けています。YouTubeチャンネル「だれウマ　〜誰でも上手く、そして美味く〜」は、2019年にスタート。簡単でありながら本格的でおいしいレシピは、着実に登録者数が増加中。チャンネル登録をよろしくお願いします！

再生回数が多い動画TOP3

1位

[電子レンジで超簡単]
絶対に失敗しない！
なめらか黄金プリンの作り方
211万 View

2位

ホットケーキミックスで簡単！
星乃珈琲店の
スフレパンケーキの作り方
96万 View

3位

[これだけは教えたくない！]
ビビるほどザックザクで美味しい
塩麹唐揚げの作り方
88万 View

※2020年1月現在

\ Twitter、ブログもチェック！/

【Blog】https://www.yassu-cooking.com
【Twitter】@muscle1046

主な食材別INDEX

Staff

デザイン…細山田光宣、藤井保奈（細山田デザイン事務所）

撮影…内山めぐみ、だれウマ

調理、スタイリング…青木夕子（エーツー）、だれウマ

調理補助…堀金里沙（エーツー）

編集協力…久保木 薫

校正…麦秋新社

編集…安田 遥（ワニブックス）

極上ずぼら飯

著者　だれウマ

2020年3月4日　初版発行
2020年8月1日　8版発行

発行者　横内正昭

編集人　青柳有紀

発行所　株式会社ワニブックス
　　　　〒150-8482
　　　　東京都渋谷区恵比寿4-4-9　えびす大黒ビル
　　　　電話　03-5449-2711（代表）
　　　　　　　03-5449-2716（編集部）
　　　　ワニブックスHP　http://www.wani.co.jp/
　　　　WANI BOOKOUT　http://www.wanibookout.com/

印刷所　株式会社美松堂

DTP　　株式会社オノ・エーワン

製本所　ナショナル製本